Duden

Dorothee Raab

Einfach lernen
mit Rabe Linus

1. Klasse | Mathematik

Dudenverlag
Berlin

Inhalt

Zahlen von 1 bis 10

Rechnen bis 10

Los gehts!

Zahlen von 1 bis 10

Schreibe in die große 1 viele Einsen.

In welchen Eistüten ist nur eine Kugel Eis?
Male die richtigen Tüten an.

Male die Würfel an, die nur einen Punkt haben.

Übe hier die 1.

Schreibe in die große 2 viele Zweien.

Kannst du die Wäsche aufhängen?
Zeichne an jedes Teil 2 Klammern und streiche sie aus.

Übe hier die 2.

2								

Schreibe in die große 3 viele Dreien.

Male alle Würfel an, die 3 Punkte haben.

In welchen Töpfen sind 3 Blumen? Male sie an.

Übe hier die 3.

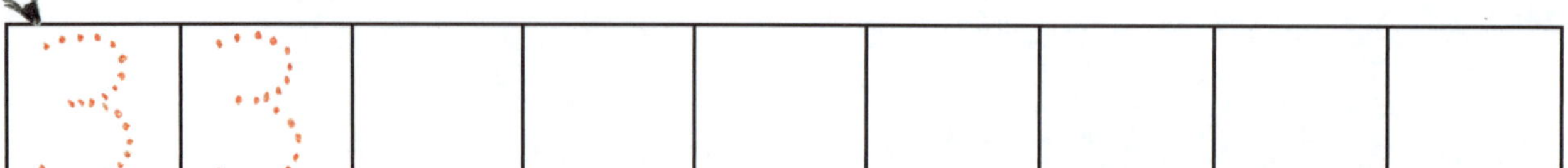

Schreibe in die große 4 viele Vieren.

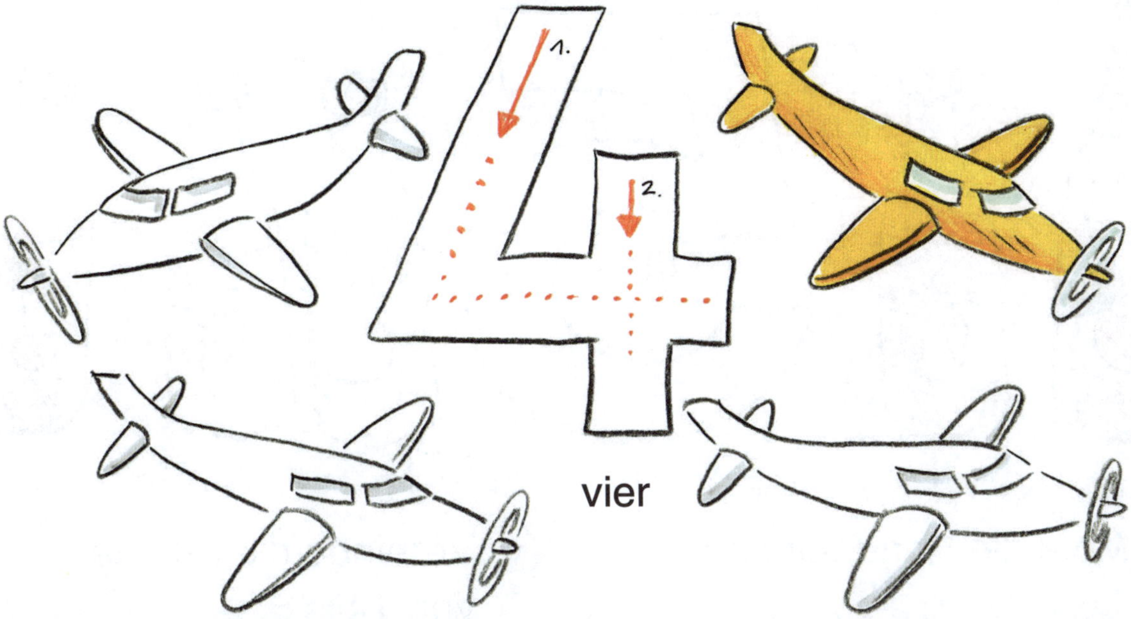

vier

Linus sucht alle Vieren. Hilf ihm und kreise sie ein.

Übe hier die 4.

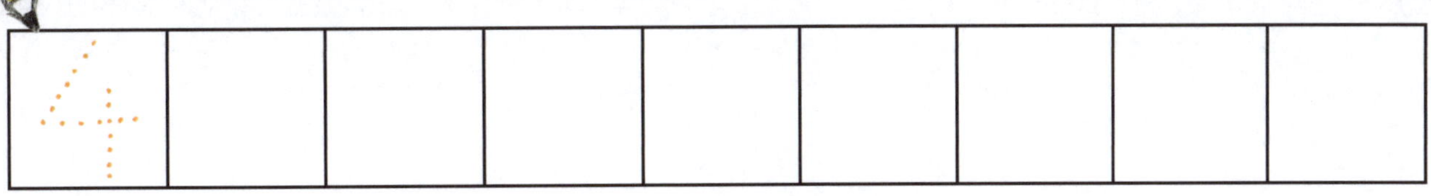

Schreibe in die große 5 viele Fünfen.

Male die Hand bunt an.

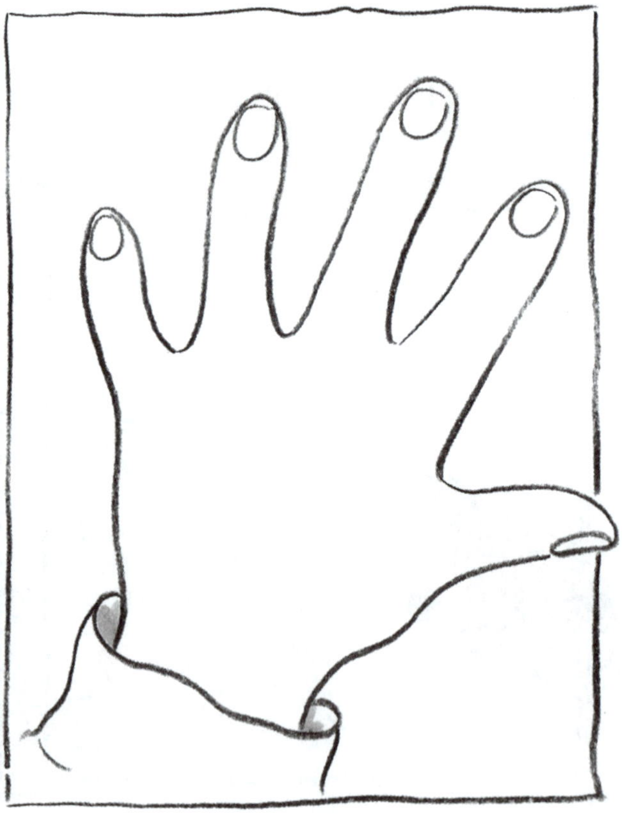

Verbinde die Punkte von 1 bis 5.

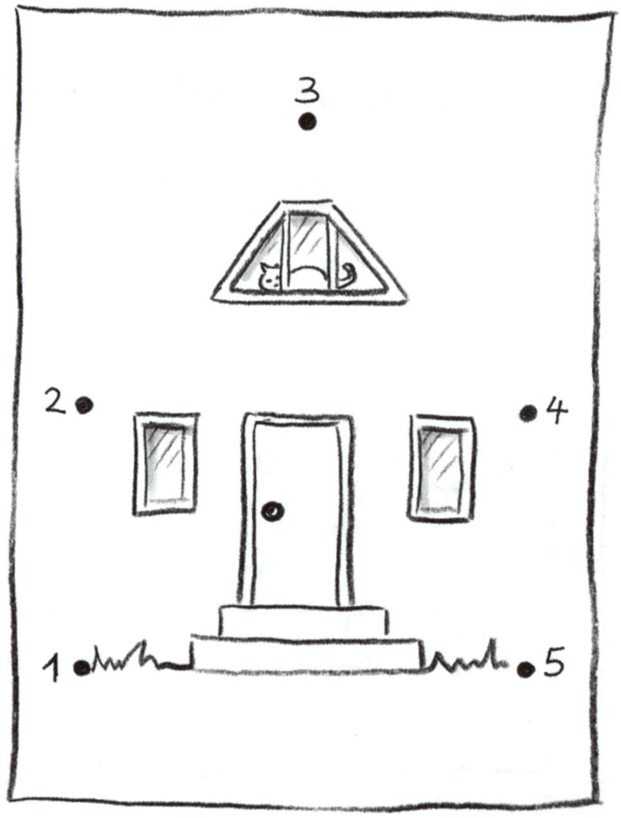

Übe hier die 5.

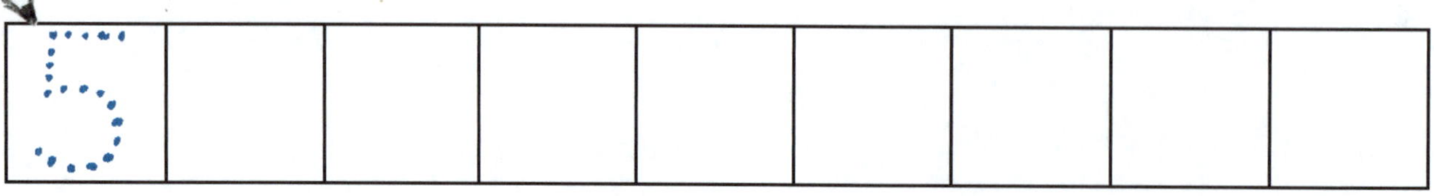

Welche Zahlen passen zu den Bildern?
Schreibe sie in verschiedenen Farben auf.

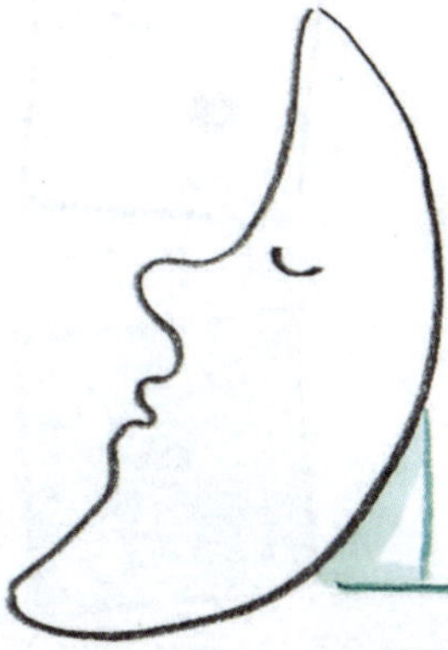

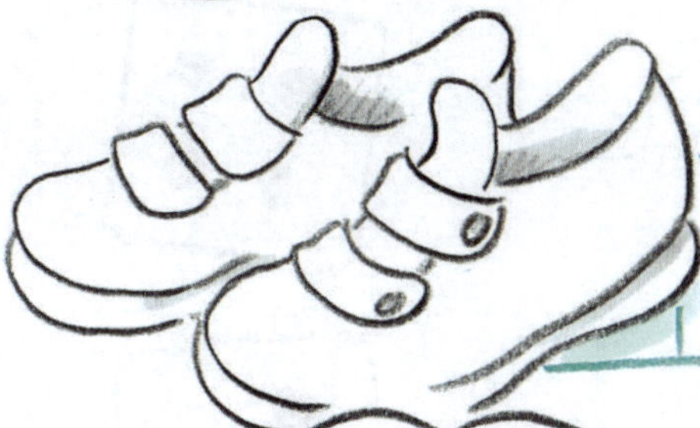

Zahlen von 1 bis 10

Zu jeder Zahl passen ein Würfel und eine Menge.
Verbinde, was zusammengehört.

2

5

3

1

4

2

5

4

Schreibe in die große 6 viele Sechsen.

Kreise alle Sechsen ein.

In welchen Kartons sind 6 Eier? Male sie an.

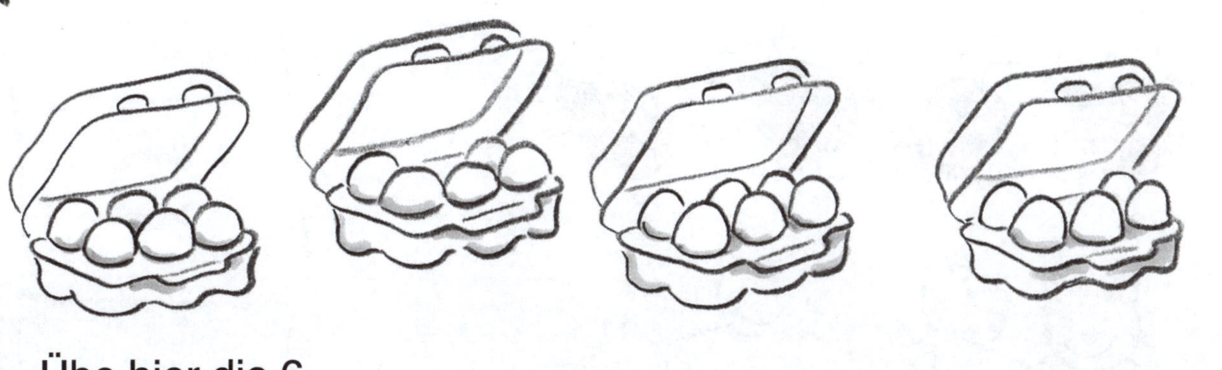

Übe hier die 6.

6								

Zahlen von 1 bis 10

Zähle die Tiere und verbinde jedes Bild mit der passenden Zahl.

5

4

6

6

5

4

Schreibe in die große 7 viele Siebenen.

sieben

Trage die fehlenden Zahlen ein.

Welche Zahlen passen zu den Punkten? Schreibe sie auf.

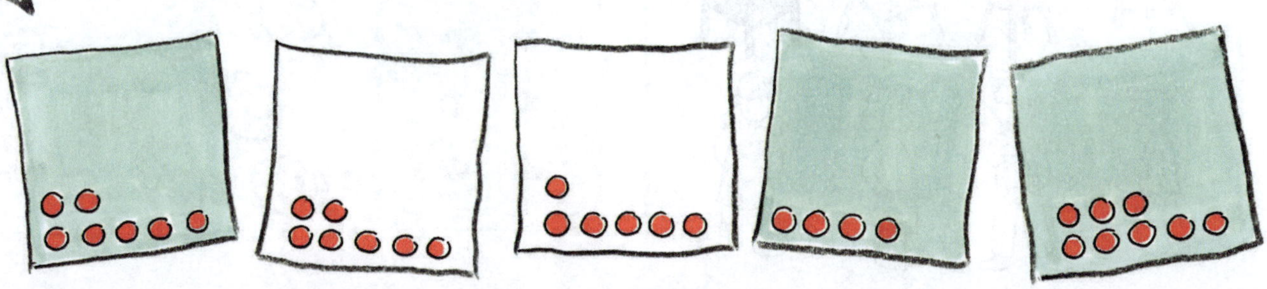

Übe hier die 7.

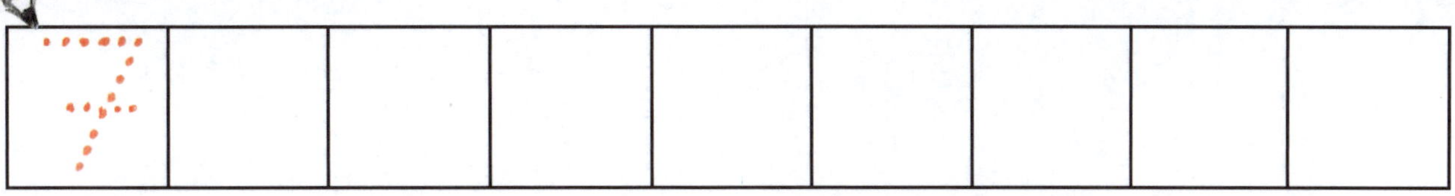

Zahlen von 1 bis 10

Schreibe in die große 8 viele Achten.

acht

Findet jedes Kind und auch Linus einen Stuhl? Verbinde mit Linien, wer wo sitzen will.

Zähle und male Punkte.

Übe hier die 8.

Zähle die Tiere und kreise die richtige Zahl rot ein.

8 4 5
6 7 3

8 6 3
4 5 2

1 2 4
6 8 5

8 1 3
6 7 5

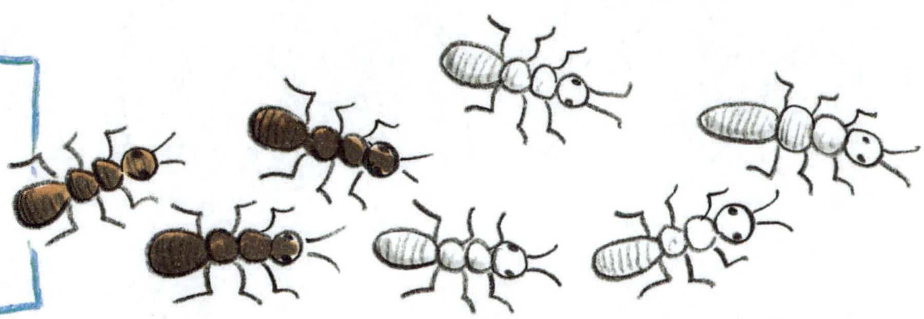

3 2 8
6 4 5

7 5 8
6 3 4

Schreibe in die große 9 viele Neunen.

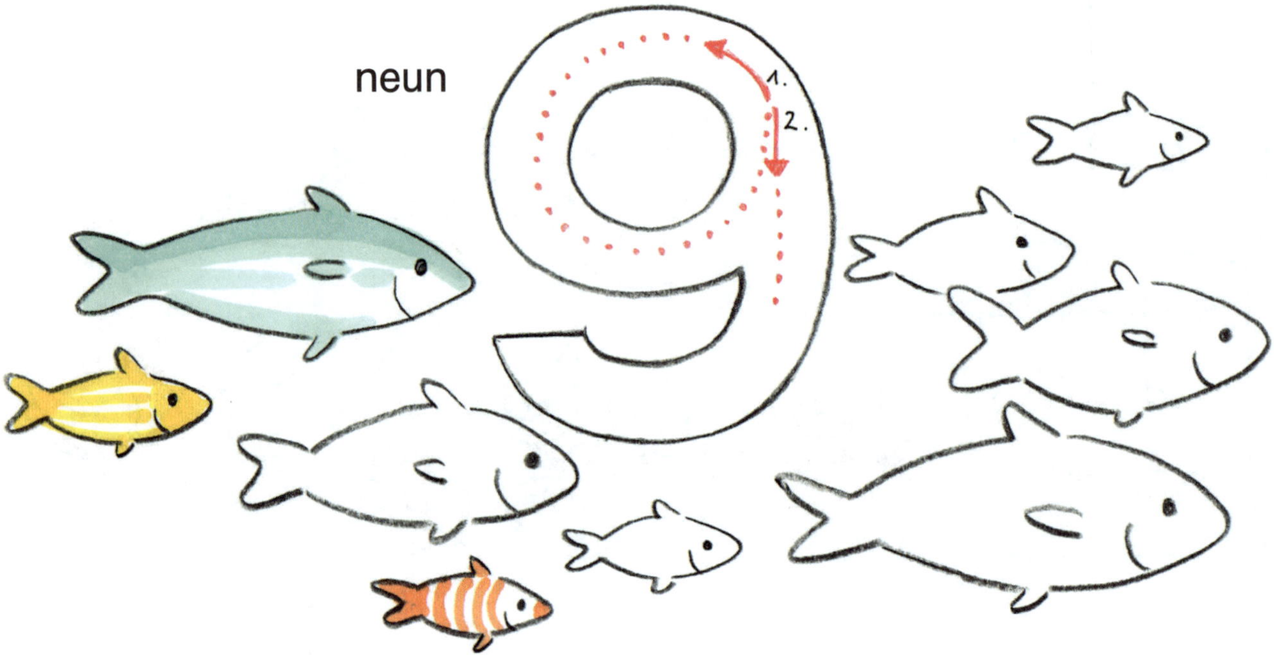

Wo sind 9 Dinge? Male an.

Übe hier die 9.

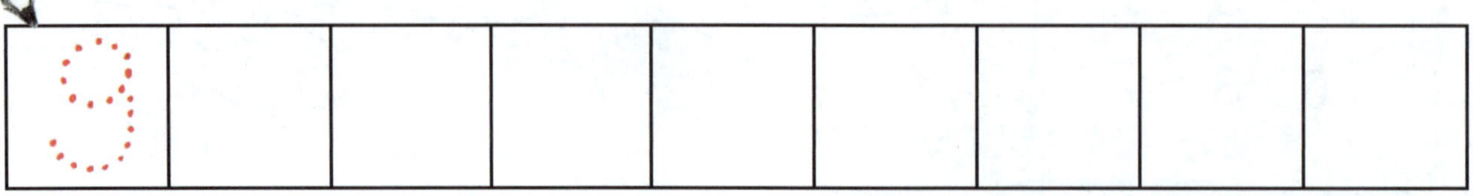

Schreibe in die große 10 viele Zehnen.

Verbinde die Zahlen von 1 bis 10.

Male die Punkte an.

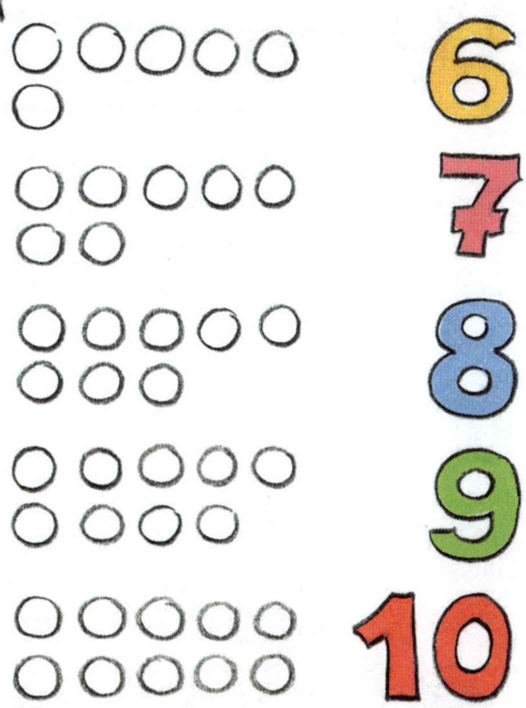

Übe hier die 10.

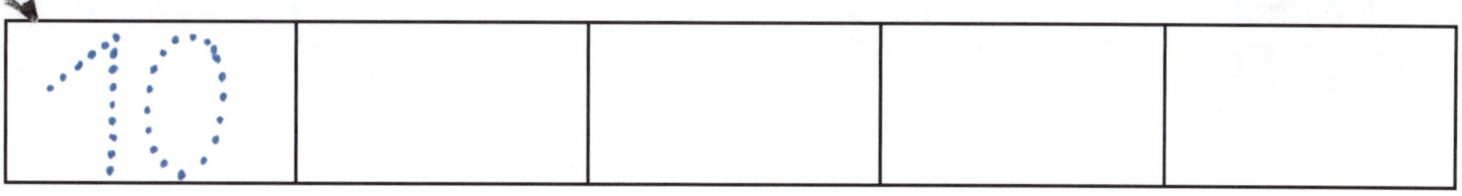

Welche Zahlen passen zu den Bildern?
Schreibe sie darüber.

Trage die fehlenden Zahlen in richtiger Reihenfolge ein.

Nur eine Zahl passt. Kreise sie ein.

Male alle Bilder an.

Zahlen von 1 bis 10

Hier kannst du in deiner schönsten Schrift üben, alle Zahlen zu schreiben.

1 1 1

2

3

4

5

6

7

8

9

10

Male die passenden Kästchen an
und rechne die Aufgaben aus.

2 + 1 =

1 + 3 =

3 + 2 =

2 + 2 =

4 + 1 =

3 + 1 =

1 + 4 =

2 + 3 =

Plusrechnen

Findest du die passenden Plusaufgaben?
Schreibe sie auf und rechne.

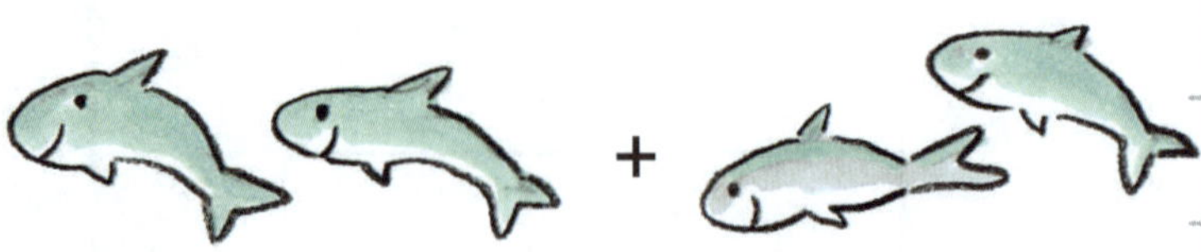

2	+	1	=	3
3	+		=	
	+		=	
	+		=	
	+		=	
	+		=	
	+		=	
	+		=	

Findest du die passenden Aufgaben?
Schreibe sie auf und rechne aus.

4 + 3 = 7

6 + ___ = ___

7 + ___ = ___

5 + ___ = ___

6 + ___ = ___

7 + ___ = ___

5 + ___ = ___

4 + ___ = ___

Plusrechnen

Rechne die Aufgaben aus.

5	+	2	=	7		7	+	3	=	
3	+	3	=			6	+	2	=	
4	+	5	=			5	+	4	=	
3	+	4	=			7	+	2	=	
6	+	3	=			4	+	1	=	
1	+	4	=			2	+	3	=	
2	+	4	=			4	+	5	=	
1	+	5	=			3	+	5	=	
4	+	3	=			2	+	5	=	

Rechne die Aufgaben und male die Ergebnisfelder gelb an.

2	+	4	=	6
2	+	5	=	
3	+	4	=	
3	+	5	=	
4	+	4	=	
4	+	5	=	
5	+	4	=	
6	+	3	=	
7	+	2	=	
8	+	1	=	

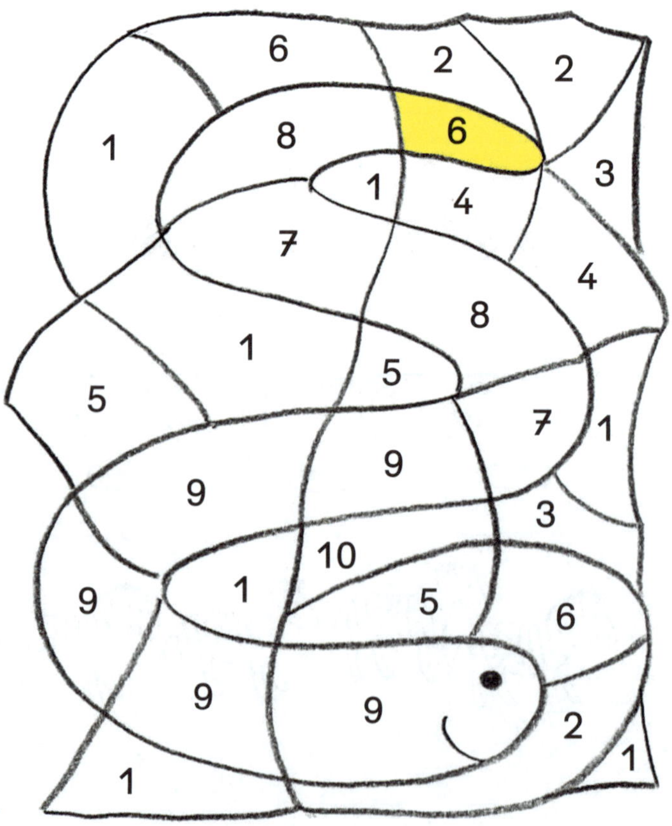

Löse die Aufgaben.

				Z	E
3	+	4	=		7
4	+	4	=		
5	+	4	=		

				Z	E
3	+	2	=		
3	+	3	=		
3	+	4	=		

				Z	E
4	+	1	=		
4	+	2	=		
4	+	3	=		

				Z	E
2	+	1	=		
2	+	2	=		
2	+	3	=		

				Z	E
0	+	1	=		
0	+	2	=		
0	+	3	=		

				Z	E
6	+	2	=		
6	+	3	=		
6	+	4	=		

				Z	E
5	+	3	=		
5	+	4	=		
5	+	5	=		

Rechne die Aufgaben aus und male die Ergebnisse an.

5	+	4	=	9
7	+	2	=	
4	+	4	=	
3	+	5	=	
6	+	2	=	
2	+	5	=	
5	+	5	=	
1	+	9	=	
8	+	2	=	
6	+	4	=	

Teile die Blumen an der richtigen Stelle in zwei Teile.
Wie heißen die passenden Aufgaben?

3	+	0	=	3

2	+		=	3

1	+		=	3

0	+		=	3

Rechne die Aufgaben.

4	+	0	=	4
3	+		=	4
2	+		=	4
1	+		=	4
0	+		=	4

5	+	0	=	5
4	+		=	5
3	+		=	5
2	+		=	5
1	+		=	5
0	+		=	5

Zahlen zerlegen

Zu jeder Zahl passen mehrere Aufgaben.
Verbinde, was zusammengehört.

1 + 3

3 + 0

2 + 1

3 + 2

3 + 1

4 + 1

1 + 2

1 + 4

2 + 2

5 + 0

2 + 3

4 + 0

Finde heraus, welche Aufgaben zu den Bildern passen.
Schreibe sie auf.

6	=	1	+	5
6	=			
6	=			
6	=			
6	=			
6	=			

Rechne die Aufgaben.

6	=	4	+	
6	=		+	
6	=		+	

6	=	0	+	
6	=	1	+	
6	=		+	
6	=		+	

Zahlen zerlegen

Löse die Aufgaben. Male die Tassen und Stifte jeweils richtig an.

5	+	2	=	7
4	+		=	7
1	+		=	7
7	+		=	7
6	+		=	7
3	+		=	7
2	+		=	7
0	+		=	7

0	+	8	=	8
7	+		=	8
5	+		=	8
2	+		=	8
4	+		=	8
1	+		=	8
6	+		=	8
3	+		=	8
8	+		=	8

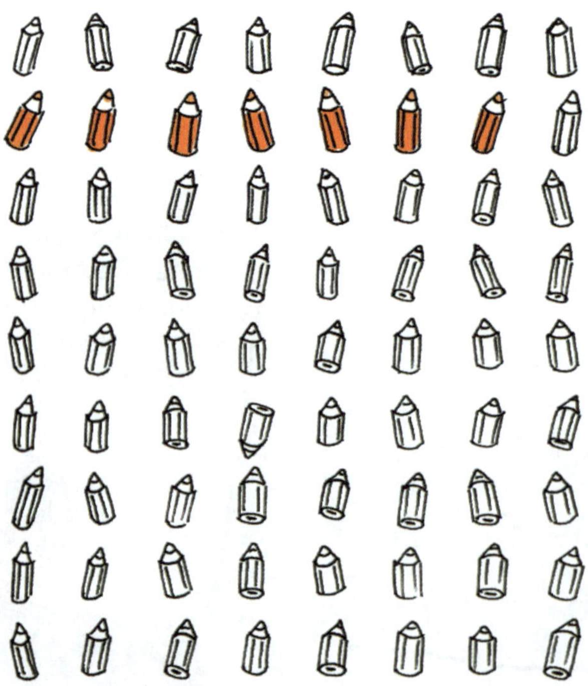

Male die passenden Kästchen und Punkte an und ergänze die fehlenden Zahlen.

6	+	3	=	9	
1	+		=	9	
4	+		=	9	
2	+		=	9	
5	+		=	9	
3	+		=	9	
8	+		=	9	
7	+		=	9	

6	+	4	=	1	0
7	+		=	1	0
5	+		=	1	0
9	+		=	1	0
2	+		=	1	0
4	+		=	1	0
1	+		=	1	0
3	+		=	1	0

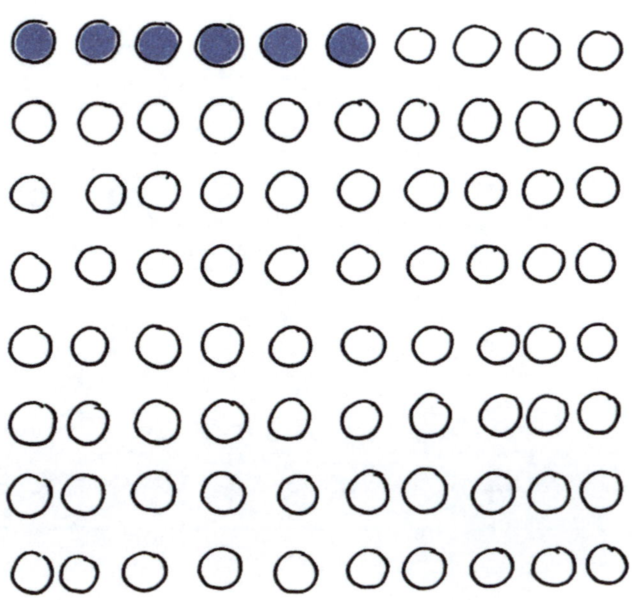

Plusrechnen in Kettenaufgaben

Suche die passenden Aufgaben und rechne.

											Z	E
	+		+		3	+	2	+	1	=		
	+		+		3	+		+		=		
	+		+			+		+		=		
	+		+			+		+		=		
	+		+			+		+		=		

Male die passenden Würfelpunkte und rechne.

											Z	E
	+		+		4	+	1	+	1	=		
	+		+		3	+	2	+	3	=		
	+		+		5	+	1	+	2	=		
	+		+		2	+	4	+	3	=		
	+		+		3	+	4	+	2	=		

Linus und seine Freunde haben Blumen bekommen.
Wie viele sind es insgesamt? Löse die Kettenaufgaben.

3	+	1	+	3	+	2	+	1	=		
2	+	3	+	1	+	2	+	2	=		
5	+	1	+	0	+	3	+	1	=		
1	+	3	+	2	+	1	+	2	=		
4	+		+	2	+	2	+	1	=	1	0
2	+	2	+	2	+		+	1	=		8
3	+	1	+		+	2	+	2	=	1	0
5	+	2	+	1	+		+	0	=	1	0

Welche Aufgaben gehören zu den Zahlengittern?
Schreibe sie auf und rechne.
Trage die Ergebnisse in die Zahlengitter ein.

+	1	2	3
3	4		
4			
5			

3	+	1	=	4
3	+	2	=	
3	+		=	
4	+	1	=	
4	+	2	=	
4	+		=	
5	+	1	=	
5	+		=	
5	+		=	

2	+	3	=	5
2	+		=	
2	+		=	
3	+	3	=	
3	+		=	
3	+		=	
4	+	3	=	
4	+		=	
4	+		=	

+	3	4	5
2	5		
3			
4			

Welche Zahlen fehlen in den Zahlenmauern?
Trage sie ein.

5					
2	3				
1	1	2	2	3	3

2	1	1	2	3	2	1

3	2	1	2	3	1	1

				3	
1	2	1	2	1	

Tauschaufgaben

Rechne links die Aufgaben aus, male die Eier an und suche rechts die passende Tauschaufgabe.

4 + 2 = 6   2 + ___ = 6

5 + 1 = ___   1 + ___ = ___

3 + 2 = ___   2 + ___ = ___

1 + 3 = ___   3 + ___ = ___

2 + 4 = ___   4 + ___ = ___

Rechne alle Aufgaben aus und suche immer die passenden Tauschaufgaben.

2 + 5 = 7	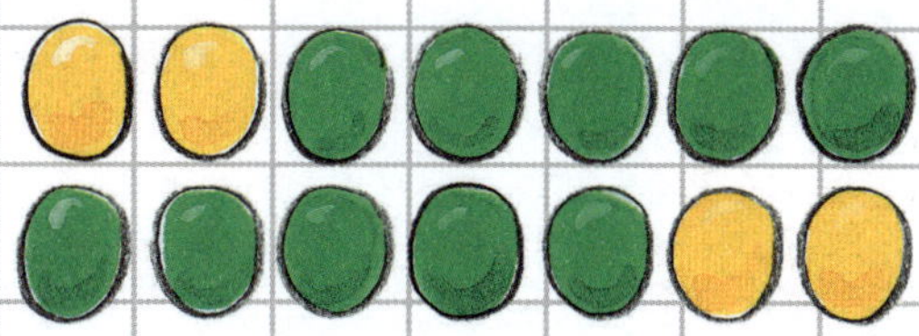
5 + 2 = 7	
7 + 1 =	3 + 6 =
1 + =	+ =
4 + 5 =	5 + 4 =
+ =	+ =
3 + 4 =	7 + 2 =
+ =	+ =
1 + 8 =	6 + 1 =
+ =	+ =
2 + 8 =	2 + 6 =
+ =	+ =
5 + 3 =	6 + 4 =
+ =	+ =

Minusrechnen

Streiche die richtige Anzahl Birnen weg und rechne die Aufgaben.

4	–	2	=	2	
3	–	1	=		
4	–	3	=		
3	–	2	=		
5	–	3	=		
5	–	4	=		
5	–	5	=		
4	–	4	=		
5	–	2	=		

Linus liebt Eis. Die Kugeln werden immer weniger.
Rechne aus.

3 – 0 =
3 – 1 =
3 – 2 =
3 – 3 =

4 – 0 =
4 – 1 =
4 – 2 =
4 – 3 =
4 – 4 =

5 – 0 =
5 – 1 =
5 – 2 =
5 – 3 =
5 – 4 =
5 – 5 =

Minusrechnen

Streiche die richtige Anzahl Punkte weg und rechne die Aufgabe aus. Rechne rechts im Kopf.

ooooo ooooo	10 − 6 = 4	7 − 4 =
ooooo ooooo	10 − 7 =	8 − 3 =
ooooo ooooo	10 − 4 =	6 − 2 =
ooooo ooooo	10 − 8 =	8 − 4 =
ooooo ooooo	10 − 2 =	9 − 6 =
ooooo ooooo	10 − 5 =	7 − 5 =
ooooo ooooo	10 − 3 =	9 − 4 =
ooooo ooooo	10 − 9 =	7 − 3 =
ooooo ooooo	10 − 1 =	8 − 5 =

Toll gemacht! Ich bin auch gleich fertig.

Rechne die Aufgaben und male die Ergebnisfelder im Bild gelb an.

10 − 0 = 10	5 − 1 =
9 − 3 =	10 − 4 =
8 − 4 =	9 − 5 =
7 − 1 =	8 − 2 =
6 − 2 =	7 − 3 =
9 − 6 =	6 − 5 =
10 − 2 =	9 − 4 =
8 − 5 =	8 − 6 =

Minusrechnen

Rechne die Minusaufgaben aus.

10 − 2 =	10 − 6 =
9 − 4 =	8 − 3 =
8 − 5 =	9 − 6 =
6 − 2 =	7 − 4 =
5 − 1 =	7 − 3 =

10 − 3 =	10 − 7 =
9 − 5 =	8 − 4 =
8 − 6 =	9 − 7 =
6 − 3 =	7 − 5 =
4 − 2 =	6 − 5 =

10 − 5 =	10 − 8 =
7 − 1 =	9 − 2 =
8 − 2 =	8 − 7 =
6 − 4 =	7 − 6 =
9 − 3 =	5 − 2 =

Rechne die Aufgaben unten aus. Suche deine Ergebnisse im Fisch und male die passenden Schuppen an.

	5	−	2	=	3			1	0	−	6	=	
	6	−	4	=					8	−	5	=	
	7	−	3	=					9	−	6	=	
	4	−	1	=					7	−	6	=	
	8	−	6	=					8	−	3	=	
	9	−	5	=				1	0	−	5	=	
	5	−	4	=					9	−	4	=	
	7	−	2	=					8	−	2	=	
	8	−	4	=					9	−	3	=	
	9	−	8	=				1	0	−	8	=	
1	0	−	9	=					8	−	7	=	

Umkehraufgaben

Immer zwei Aufgaben gehören zusammen.
Suche zu jeder Minusaufgabe die passende Umkehraufgabe.

10 − 6 = 4
4 + 6 = 10

9 − 5 = 4
4 + 5 =

10 − 7 =
+ = 10

5 − 2 =
+ =

7 − 4 =
+ =

9 − 3 =
+ =

10 − 3 =
+ 3 =

8 − 2 =
+ =

6 − 4 =
+ =

9 − 3 =
+ =

10 − 4 =
+ =

10 − 2 =
+ =

Rechne plus und schreibe Einer unter E und Zehner unter Z.

					Z	E	
	7	+	2	=			
	6	+	4	=			
	5	+	3	=			
	4	+	4	=			

					Z	E	
	7	+	3	=			
	5	+	4	=			
	6	+	3	=			
	4	+	2	=			

Rechne und suche die passende Tauschaufgabe (T).

		3	+	6	=		
	T:		+		=		
		1	+	4	=		
	T:		+		=		

		1	+	7	=		
	T:		+		=		
		2	+	8	=		
	T:		+		=		

Rechne die Minusaufgaben.

	1	0	−	9	=		
		8	−	5	=		
		4	−	3	=		
		7	−	4	=		
		6	−	3	=		

Rechne und suche die passende Umkehraufgabe (U).

		9	−	5	=		
	U:				=		
		8	−	3	=		
	U:				=		

Zahlen bis 20

Schreibe die großen Zahlen bunt nach
und übe in den Rechenkästchen.

1 1

1 2

1 3

1 4

1 5

Schreibe die großen Zahlen bunt nach
und übe in den Rechenkästchen.

1	6						

1	7						

1	8						

1	9						

2	0						

Zahlenbänder

Trage auf den Bändern die fehlenden Zahlen ein.

Erkennst du auf einen Blick, wie viele Punkte es jeweils sind? Trage die Zahlen ein.

12

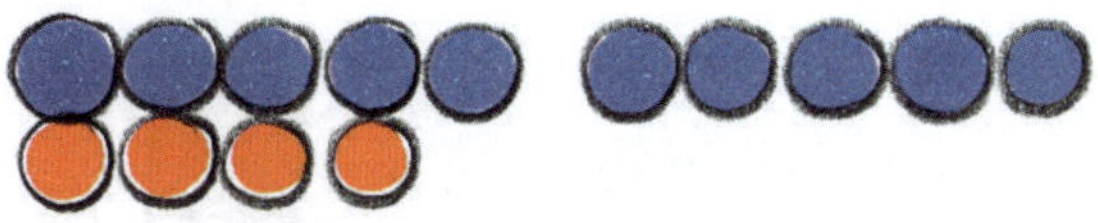

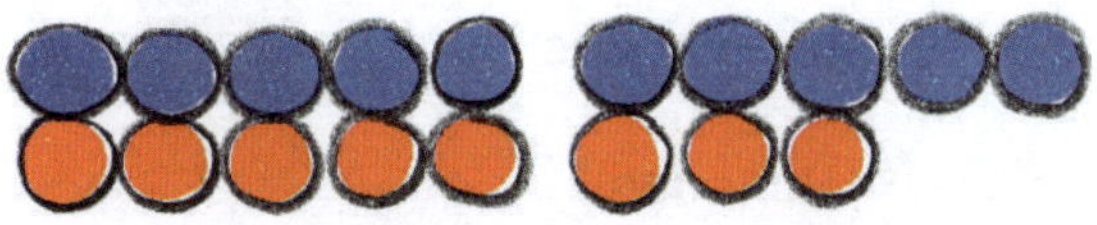

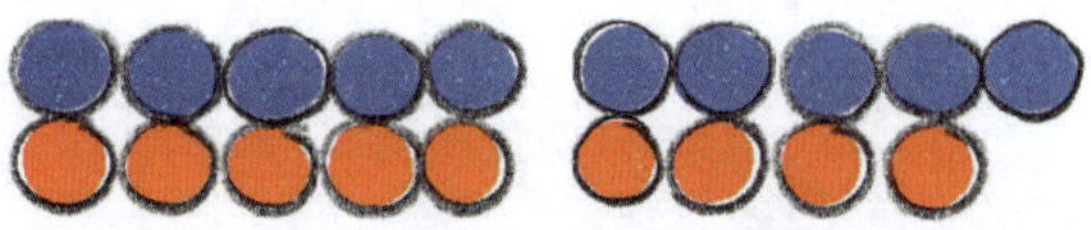

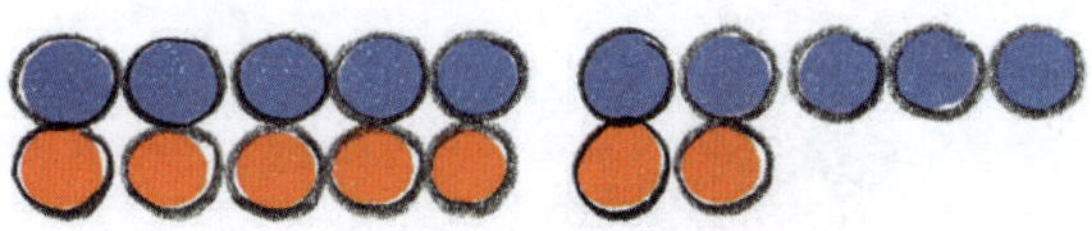

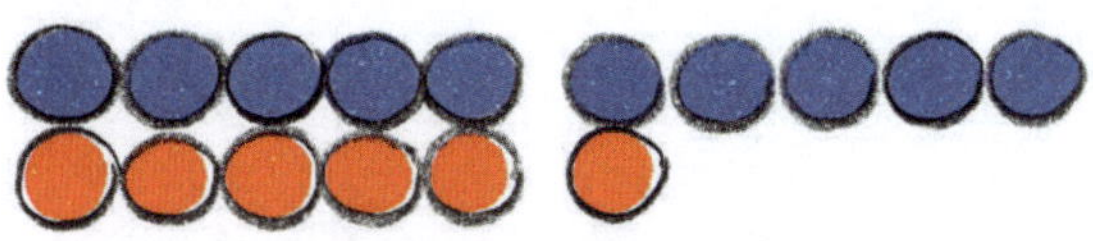

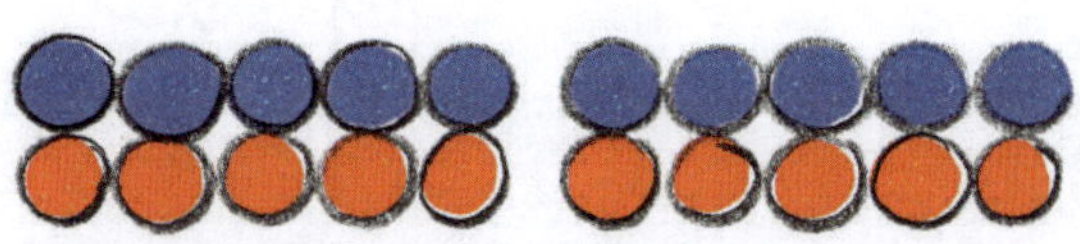

Größer oder kleiner

Größer > oder kleiner <? Setze die fehlenden Zeichen ein.

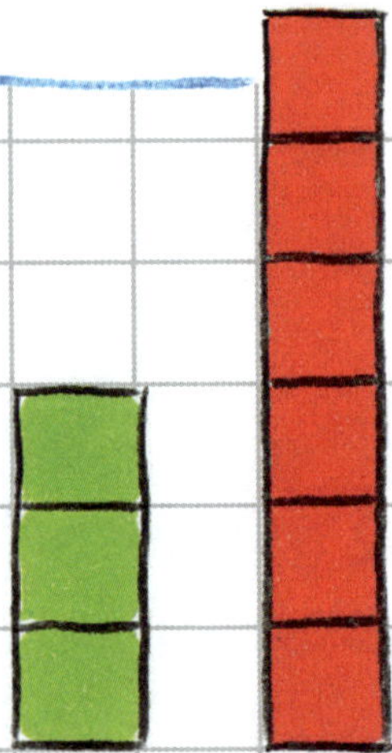

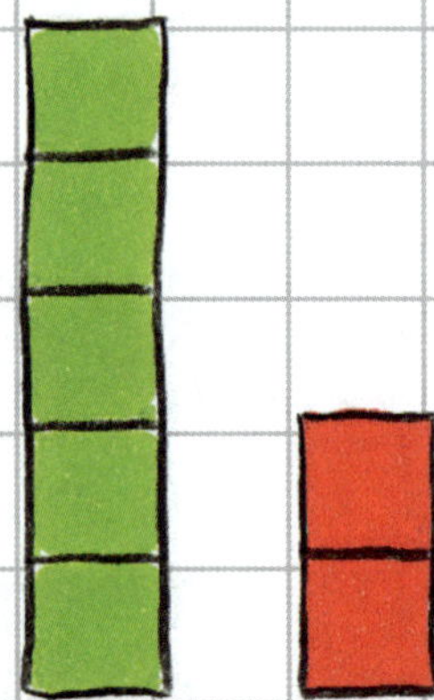

3	<	6	5	>	2

3 ist kleiner als 6.

5 ist größer als 2.

4	<	8	10	>	3
7		9	8		2

17	<	19	17	>	2
15		13	16		11
11		18	14		19
14		4	13		8
10		20	15		12
19		12	16		18
18		16	14		3
20		3	13		16
18		20	19		11
15		16	20		1

Zähle die Kästchen und rechne die Aufgaben.

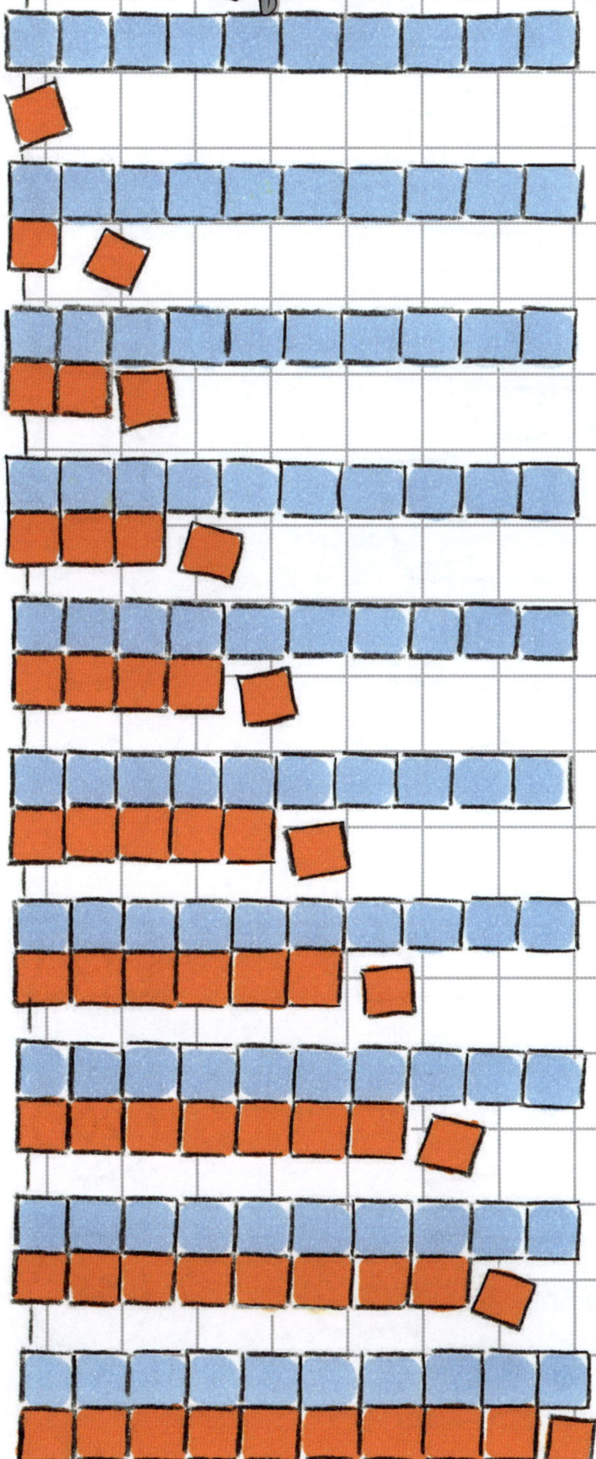

					Z	E
1	0	+	1	=	1	1
1	0	+	2	=		
1	0	+		=		
1	0	+		=		
1	0	+		=		
1	0	+		=		
1	0	+		=		
1	0	+		=		
1	0	+		=		
1	0	+		=		

Plusrechnen

Verbinde und male in einer Farbe an, was zusammengehört.

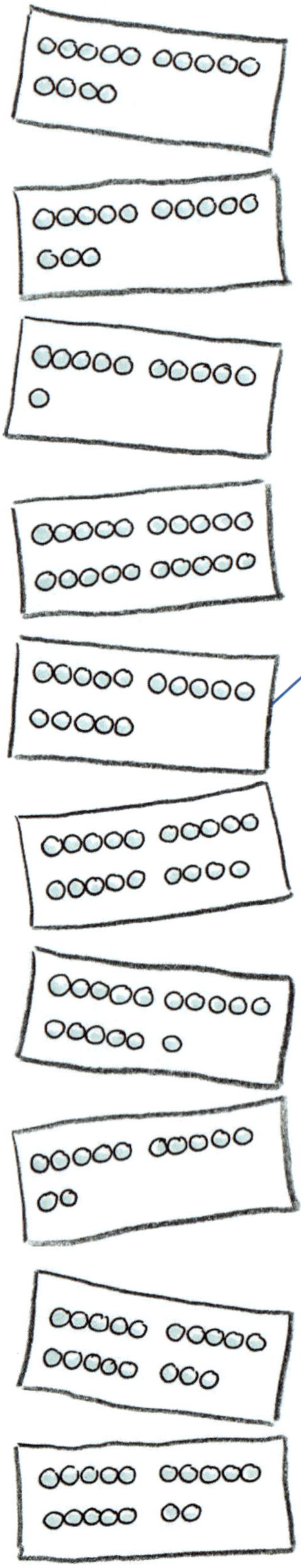

10 + 1	15
10 + 4	13
10 + 5	11
10 + 3	14
10 + 10	16
10 + 6	12
10 + 2	19
10 + 9	20
10 + 7	18
10 + 8	17

Jedem Hund gehört ein Würstchen.
Male das, was zusammenpasst, in der gleichen Farbe an.

Plusrechnen

Rechne alle Aufgaben.

2 + 5 = 7
12 + 5 = 17

4 + 2 =
14 + 2 =

5 + 3 =
15 + 3 =

8 + 1 =
18 + 1 =

3 + 6 =
13 + 6 =

7 + 2 =
17 + 2 =

15 + 1 =
11 + 3 =
12 + 6 =
14 + 3 =
16 + 4 =

11 + 8 =
19 + 1 =
12 + 8 =
11 + 6 =
15 + 4 =

16 + 3 =
13 + 7 =
16 + 2 =
11 + 7 =
12 + 4 =

13 + 5 =
15 + 4 =
18 + 2 =
11 + 5 =
12 + 3 =

Rechne alle Aufgaben und male die Ergebniskarten an.

17 + 2 = 19	16 + 3 =
15 + 1 =	19 + 1 =
11 + 3 =	13 + 7 =
12 + 6 =	16 + 2 =
14 + 3 =	11 + 7 =
16 + 4 =	12 + 6 =
11 + 8 =	13 + 5 =
19 + 1 =	15 + 4 =
12 + 8 =	18 + 2 =
11 + 6 =	11 + 5 =
15 + 4 =	12 + 3 =

Schreibe immer die Einer unter die Einer und die Zehner unter die Zehner.

Plusrechnen mit Zehnerübergang

Aufgepasst! Hier geht es über den Zehner. Rechne schrittweise. Erst bis 10 und dann weiter.

9 + 2 =

9 + 1 + 1 =

7 + 4 =

7 + __ + __ =

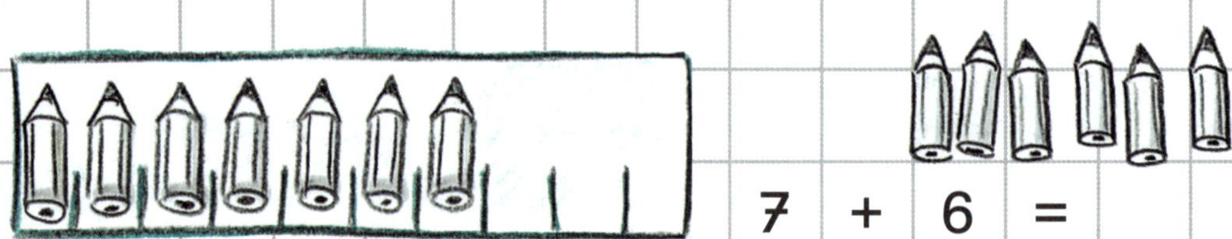

7 + 6 =

7 + __ + __ =

8 + 7 =

8 + __ + __ =

9 + 8 =

9 + __ + __ =

Male die passenden Kästchen an und rechne in zwei Schritten.

6 + 6 = ___

6 + 4 + 2 = ___

6 + 7 = ___

6 + 4 + ___ = ___

6 + 8 = ___

6 + ___ + ___ = ___

6 + 9 = ___

6 + ___ + ___ = ___

Plusrechnen mit Zehnerübergang

Rechne schrittweise und male die passenden Ergebnisfelder im Bild an.

7	+	6			=	1	3
7	+	3	+	3	=	1	3
5	+	7			=		
5	+	5	+		=		
6	+	8			=		
6	+		+		=		
9	+	4			=		
9	+		+		=		
7	+	8			=		
7	+		+		=		
8	+	6			=		
8	+		+		=		
7	+	9			=		
7	+		+		=		

Rechne die Aufgaben schrittweise.
Ergänze zuerst bis 10 und rechne dann weiter.

8	+	3			=			7	+	4			=	1	1
8	+	2	+	1	=	1	1	7	+	3	+	1	=		
7	+	5			=			8	+	5			=		
7	+		+		=			8	+		+		=		
9	+	6			=			9	+	3			=		
9	+		+		=			9	+		+		=		
7	+	7			=			6	+	5			=		
7	+		+		=			6	+		+		=		

Rechne vorher im Kopf und trage dann das Ergebnis ein.

3	+	8	=	1	1			9	+	3	=				
6	+	5	=					5	+	8	=				
7	+	6	=					6	+	7	=				
3	+	9	=					4	+	9	=				
7	+	5	=					8	+	8	=				
6	+	6	=					2	+	9	=				
5	+	6	=					4	+	7	=				
7	+	8	=					3	+	8	=				
7	+	7	=					5	+	7	=				

Tauschaufgaben

Suche zu jeder Aufgabe die passende Tauschaufgabe und rechne sie aus.

Aufgabe	Tauschaufgabe
4 + 12 =	T: 12 + 4 =
3 + 14 =	T:
2 + 16 =	T:
5 + 11 =	T:
4 + 9 =	T:
3 + 10 =	T:
5 + 13 =	T:
2 + 18 =	T:
4 + 14 =	T:
7 + 12 =	T:
3 + 16 =	T:
1 + 19 =	T:
6 + 9 =	T:

Verbinde jede Aufgabe mit der passenden Tauschaufgabe und rechne sie aus.

6 + 13 = ____

3 + 15 = ____

2 + 16 = ____

7 + 11 = ____

6 + 12 = ____

5 + 14 = ____

8 + 11 = ____

4 + 15 = ____

3 + 12 = ____

12 + 6 = ____

15 + 4 = ____

14 + 5 = ____

15 + 3 = ____

13 + 6 = ____

11 + 7 = ____

16 + 2 = ____

11 + 8 = ____

12 + 3 = ____

Rätselaufgaben

Jedes Bild steht für eine Zahl. Kannst du die Aufgaben lösen?

 + 7 = 14    =

 + 5 = 10    =

 + 8 = 16    =

 + 6 = 12    =

 + 2 = 4    =

 +  = 2 + 6 = 8

 +  =

 +  =

 +  =

 +  =

Rechne immer zuerst die „kleine“ Aufgabe und dann die „große“. Den Einer schreibst du unter E, den Zehner unter Z.

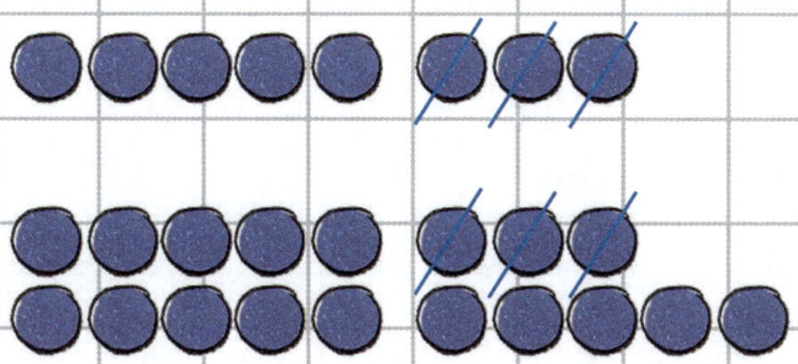

Aufgabe	Z	E
8 − 3 =		5
18 − 3 =	1	5

Aufgabe	Z	E
5 − 2 =		
15 − 2 =		
9 − 5 =		
19 − 5 =		
6 − 3 =		
16 − 3 =		
8 − 4 =		
18 − 4 =		

Aufgabe	Z	E
7 − 6 =		
17 − 6 =		
4 − 2 =		
14 − 2 =		
9 − 5 =		
19 − 5 =		
7 − 4 =		
17 − 4 =		

Minusrechnen

Rechne die Minusaufgaben und streiche die passende Anzahl weg.

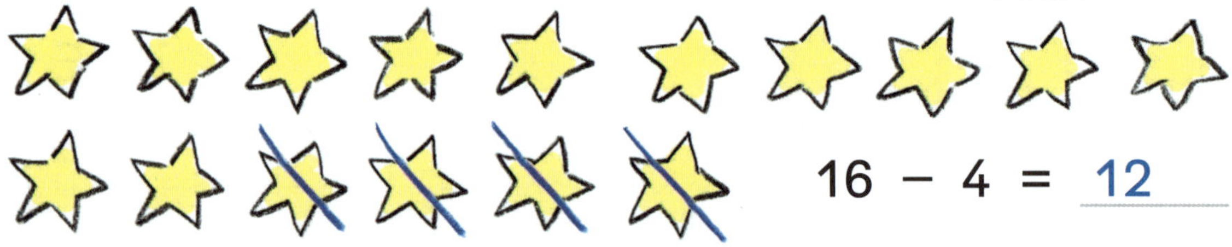

16 – 4 = 12

15 – 3 = ____

17 – 5 = ____

14 – 2 = ____

17 – 6 = ____

16 – 2 = ____

Rechne alle Aufgaben und male die Ergebniszahlen an.

1	7	–	2	=	1	5
1	9	–	4	=		
1	8	–	5	=		
1	6	–	2	=		
1	7	–	6	=		
1	8	–	3	=		
1	9	–	6	=		
1	7	–	4	=		
1	9	–	3	=		
1	9	–	5	=		
1	8	–	6	=		
1	6	–	3	=		
1	8	–	7	=		
1	8	–	4	=		
1	9	–	7	=		
1	7	–	5	=		

11 11 12 12 12 13 13 13

13 14 14 14 15 15 15 16

Rechne die Aufgaben aus und male die passenden Lösungsfelder im Bild unten gelb an.

17 – 4 = 13	17 – 6 =
18 – 3 =	18 – 4 =
16 – 3 =	15 – 2 =
14 – 4 =	16 – 3 =
19 – 6 =	14 – 2 =
16 – 5 =	19 – 5 =
19 – 7 =	18 – 5 =
15 – 3 =	14 – 3 =
18 – 6 =	16 – 4 =

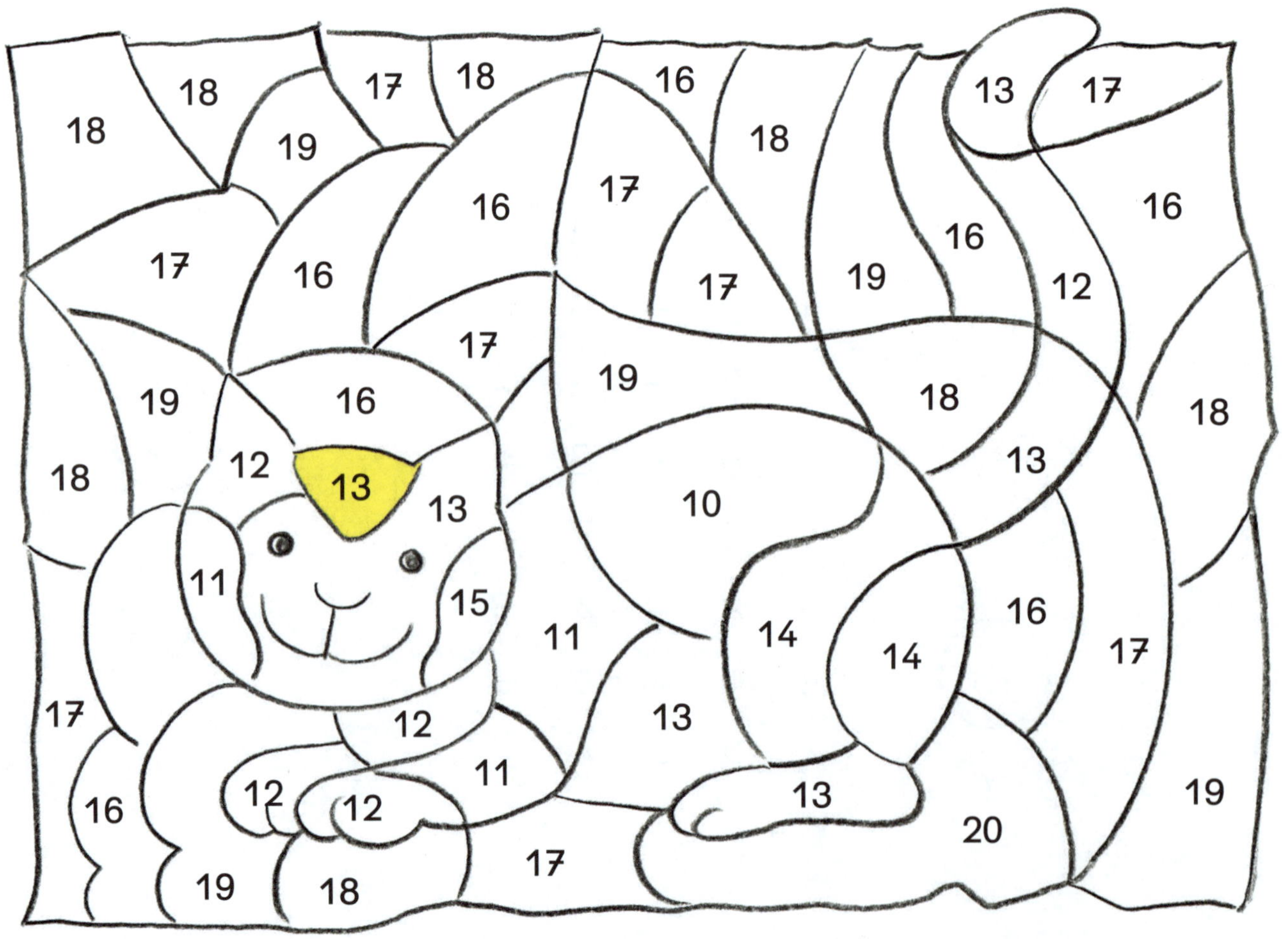

Rechne die Minusaufgaben in zwei Schritten.
Streiche die richtige Anzahl Stifte weg.

14 − 5 = 9

14 − 4 − 1 = 9

17 − 9 =

17 − − =

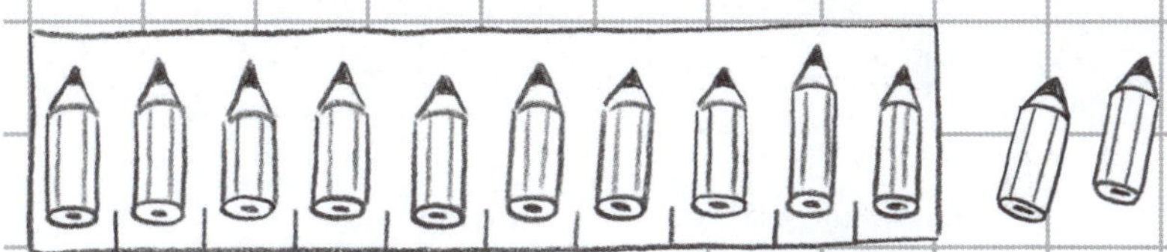

12 − 6 =

12 − − =

16 − 8 =

16 − − =

Minusrechnen mit Zehnerübergang

Rechne schrittweise und streiche die passende Anzahl Stühle weg.

13 − 5 → 13 − 3 − 2 =

13 − 8 → 13 −   −   =

11 − 7 → 11 −   −   =

11 − 4 → 11 −   −   =

14 − 6 → 14 −   −   =

14 − 9 → 14 −   −   =

Löse die Aufgaben in einem Schritt und schrittweise.

1	6	−	8	=	8	⟶		1	6	−	6	−	2	=	8
1	4	−	7	=		⟶		1	4	−	4	−	3	=	
1	3	−	6	=		⟶		1	3	−	3	−	3	=	
1	2	−	5	=		⟶		1	2	−	2	−	3	=	
1	1	−	4	=		⟶		1	1	−	1	−	3	=	
1	8	−	9	=		⟶		1	8	−	8	−	1	=	
1	5	−	9	=		⟶		1	5	−	5	−	4	=	

Minusrechnen mit Zehnerübergang

Rechne schrittweise und schreibe die passenden Aufgaben auf.

15 − 7 = 8	→	15 − 5 − 2 = 8
13 − 8 =	→	13 − − =
12 − 9 =	→	12 − − =
11 − 6 =	→	11 − − =
17 − 9 =	→	17 − − =
14 − 5 =	→	14 − − =
15 − 8 =	→	15 − − =
13 − 7 =	→	13 − − =
12 − 8 =	→	12 − − =
11 − 7 =	→	11 − − =

Zu jeder Katze gehört ein Ball.
Male die Katze und ihren Ball in der gleichen Farbe an.

Umkehraufgaben

Suche zu jeder Aufgabe (A) die passende Umkehraufgabe (U) und rechne beide aus.

A:	1	0	+	3	=	1	3
U:	1	3	−	3	=		
A:		9	+	8	=	1	7
U:	1	7	−		=		
A:	1	1	+	5	=		
U:			−		=		
A:	1	4	+	3	=		
U:			−		=		
A:		6	+	5	=		
U:			−		=		
A:	1	0	+	9	=		
U:			−		=		

Suche die passende Umkehraufgabe (U) und rechne sie aus.

	1	0	+	4	=	1	4
U:	1	4	–	4	=		

		9	+	6	=	1	5
U:			–		=		

	1	3	+	5	=	1	8
U:			–		=		

	1	4	+	4	=	1	8
U:			–				

	1	6	+	2	=	1	8
U:			–				

	1	1	+	5	=	1	6
U:							

	1	0	+	3	=	1	3
U:							

		8	+	9	=	1	7
U:							

		9	+	7	=	1	6
U:							

	1	3	+	6	=	1	9
U:							

		7	+	8	=	1	5
U:							

Zauberdreiecke

Schreibe neben die Zauberdreiecke die passenden Plusaufgaben.

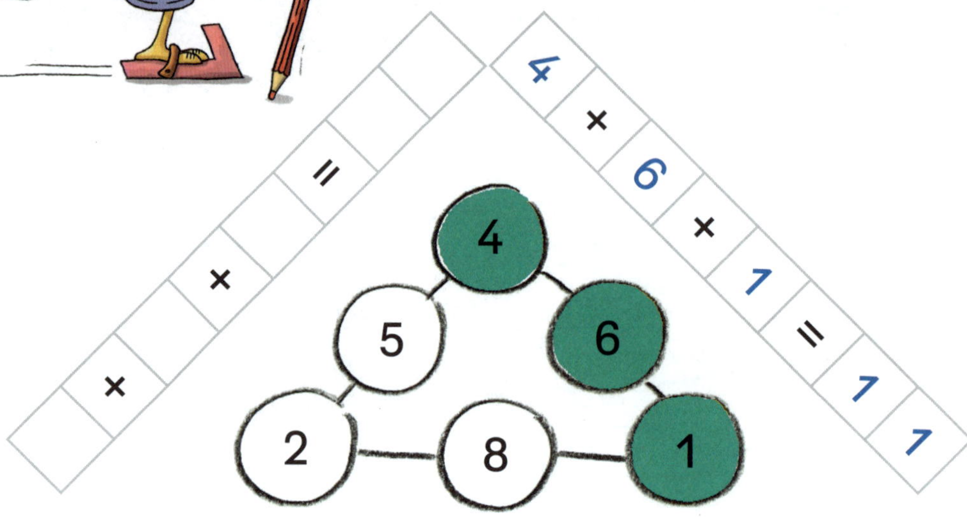

	+		+	1	=		

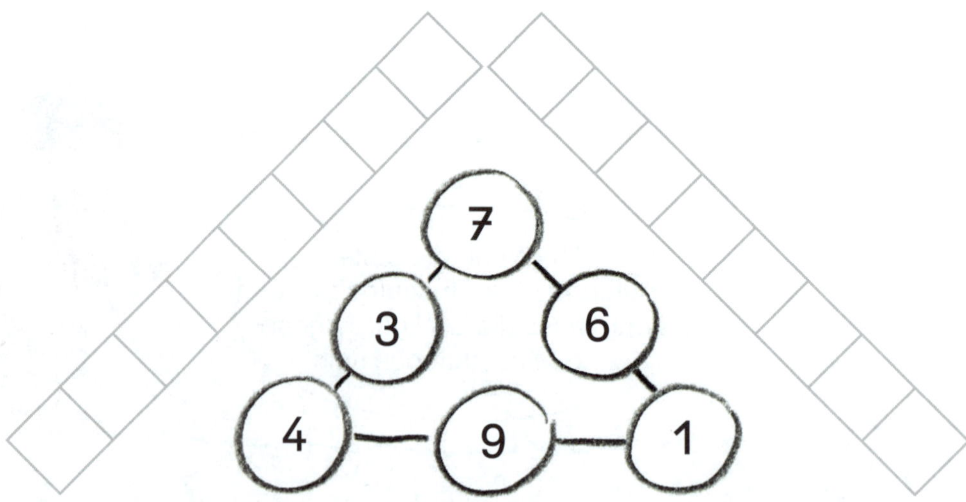

Welche Zahlen fehlen? Rechne und trage sie ein.

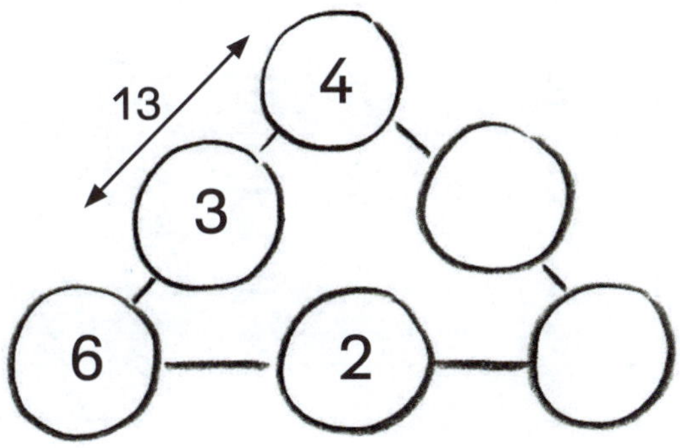

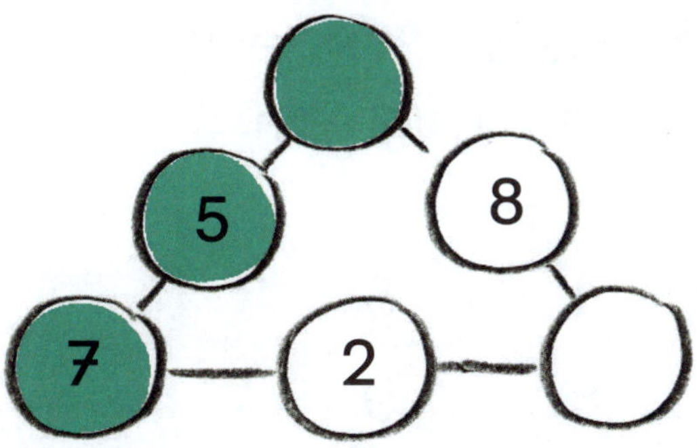

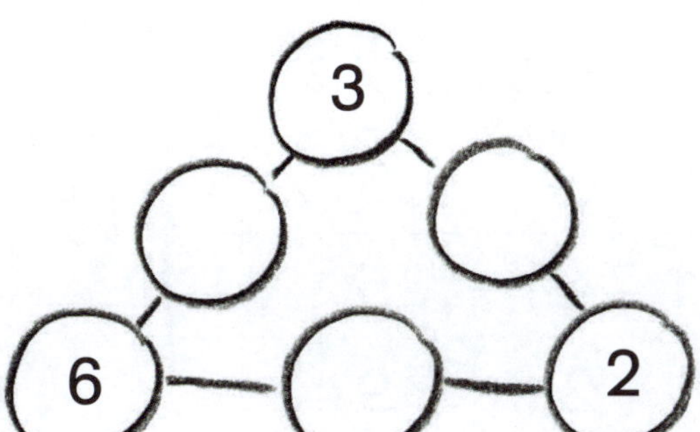

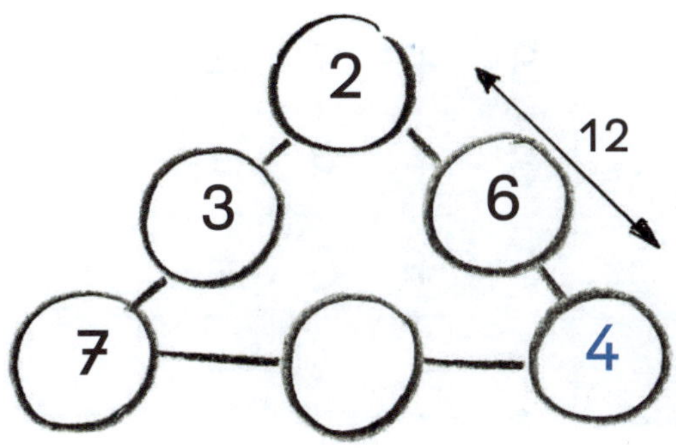

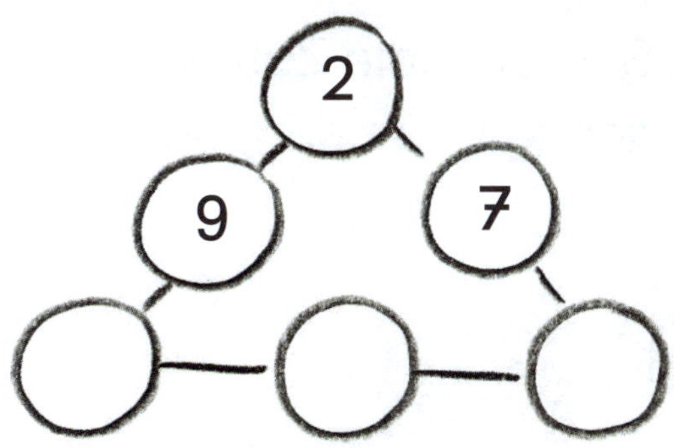

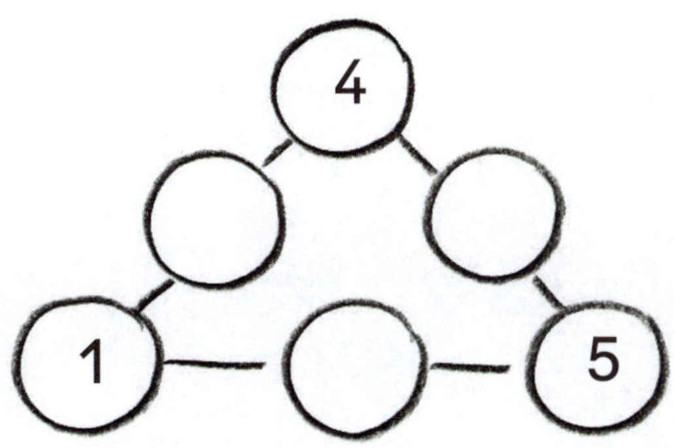

Vermischte Aufgaben

Löse alle Plus- und Minusaufgaben.

1	2	+	7	=	
1	4	+	3	=	
1	1	+	8	=	
1	5	+	4	=	
1	3	+	6	=	
	9	+	6	=	
	7	+	5	=	
	8	+	7	=	
	6	+	9	=	
	5	+	8	=	

1	9	−	6	=	
1	5	−	4	=	
1	8	−	7	=	
1	6	−	3	=	
1	7	−	5	=	
1	1	−	6	=	
1	4	−	9	=	
1	2	−	7	=	
1	6	−	8	=	
1	3	−	5	=	

Schreibe die Zahlen richtig untereinander.

5
7
14
9
18

Z	E

Welches Zeichen fehlt: < oder >? Trage ein.

1	1		5
	8		9
1	9		8
	1		7
1	6		3
1	4		5
1	2		9

Kannst du die roten Figuren verdoppeln?

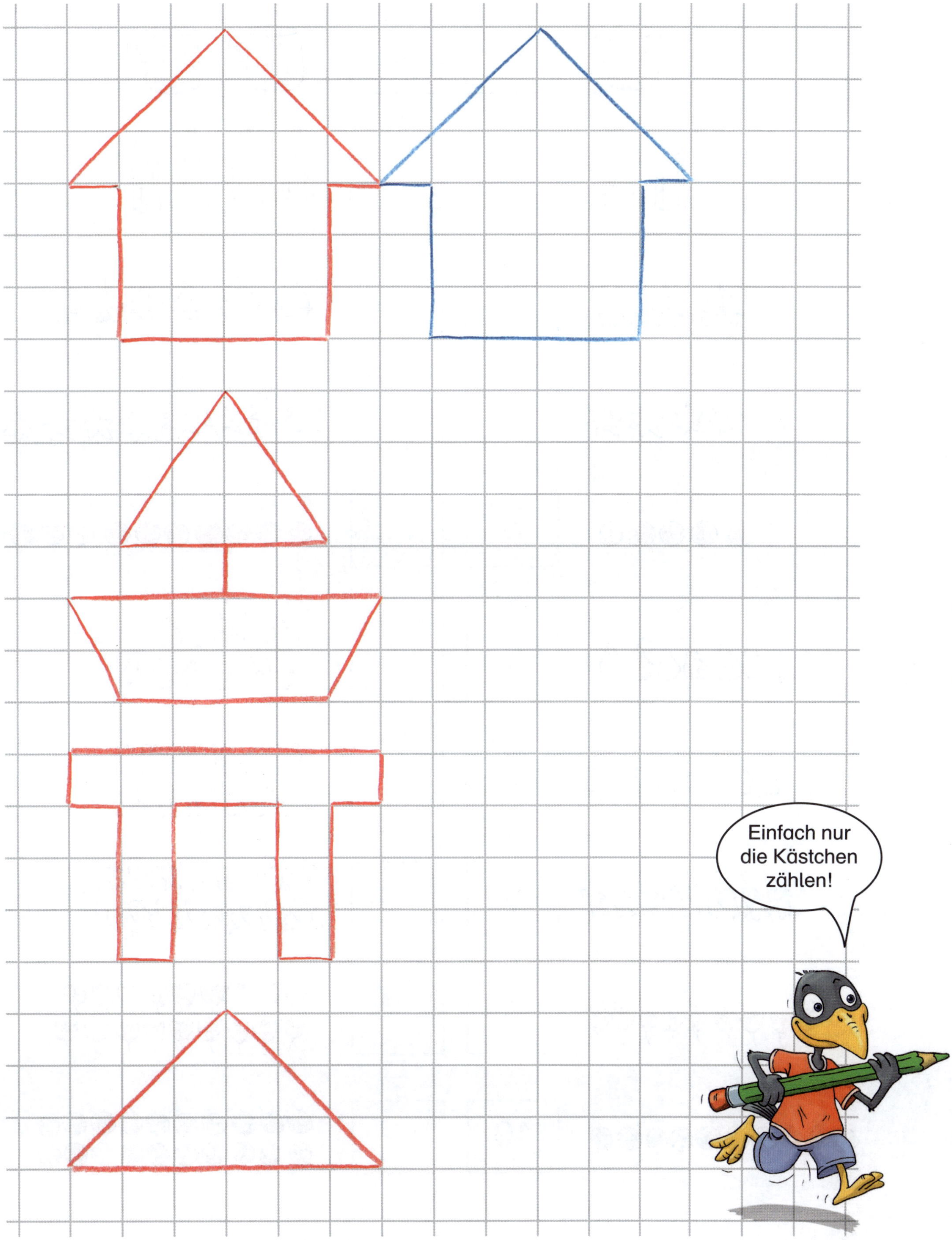

Verdoppeln

Hier wird alles verdoppelt. Schreibe die richtige Zahl auf.

	1	2	
	2		
	3		
	4		
	5		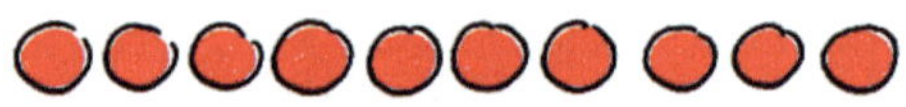
	6		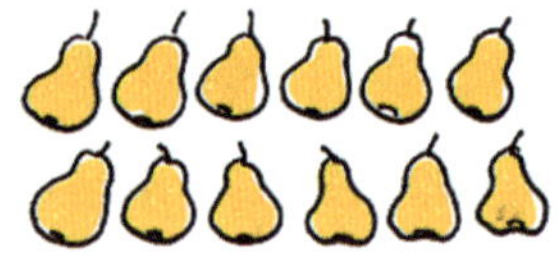
	7		
	8		
	9		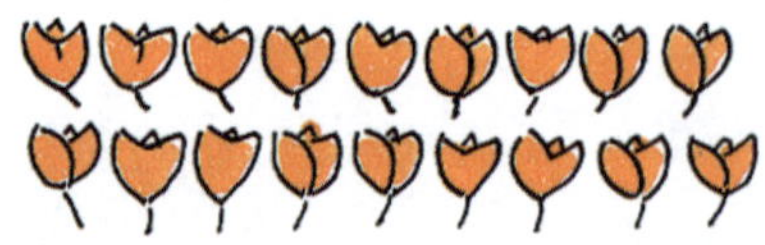
	10		

Kannst du die Figur halbieren?
Ziehe eine Linie, sodass du zwei gleiche Teile erhältst.

Halbieren

Hier musst du alles halbieren. Trenne jedes Bild mit einer Linie in zwei gleiche Teile.

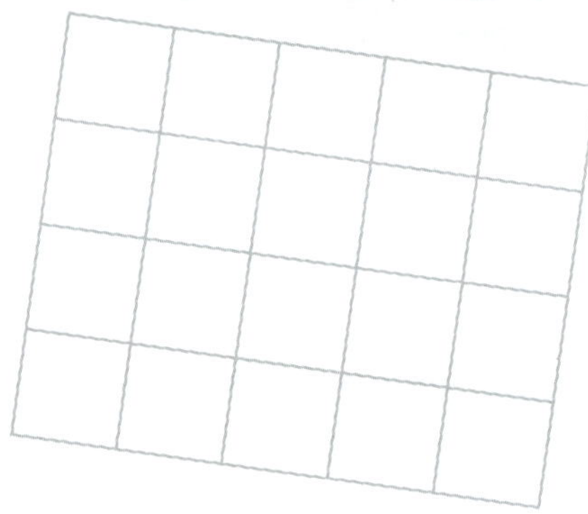

Teile die Punktebilder in zwei Hälften.

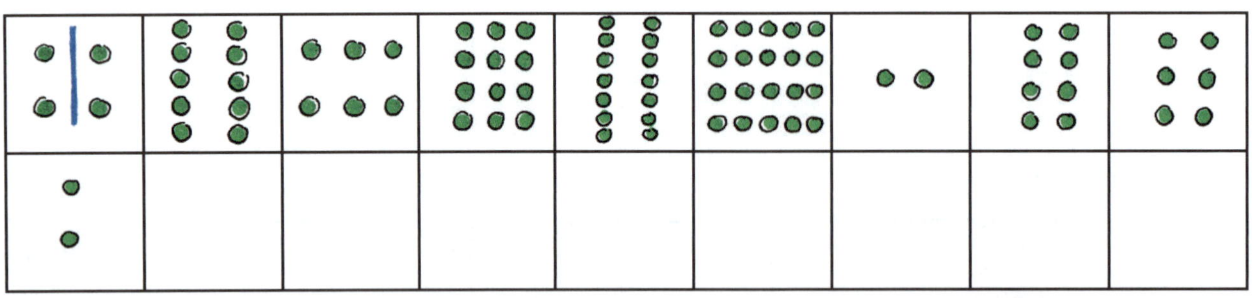

Halbiere die Zahlen.

10	14	20	16	18	12	2	6	4
5								

Im Kino fehlen noch Platznummern. Trage sie richtig ein.

Zahlen verbinden bis 33

Was fliegt denn da? Verbinde die Zahlen von 1 bis 33.

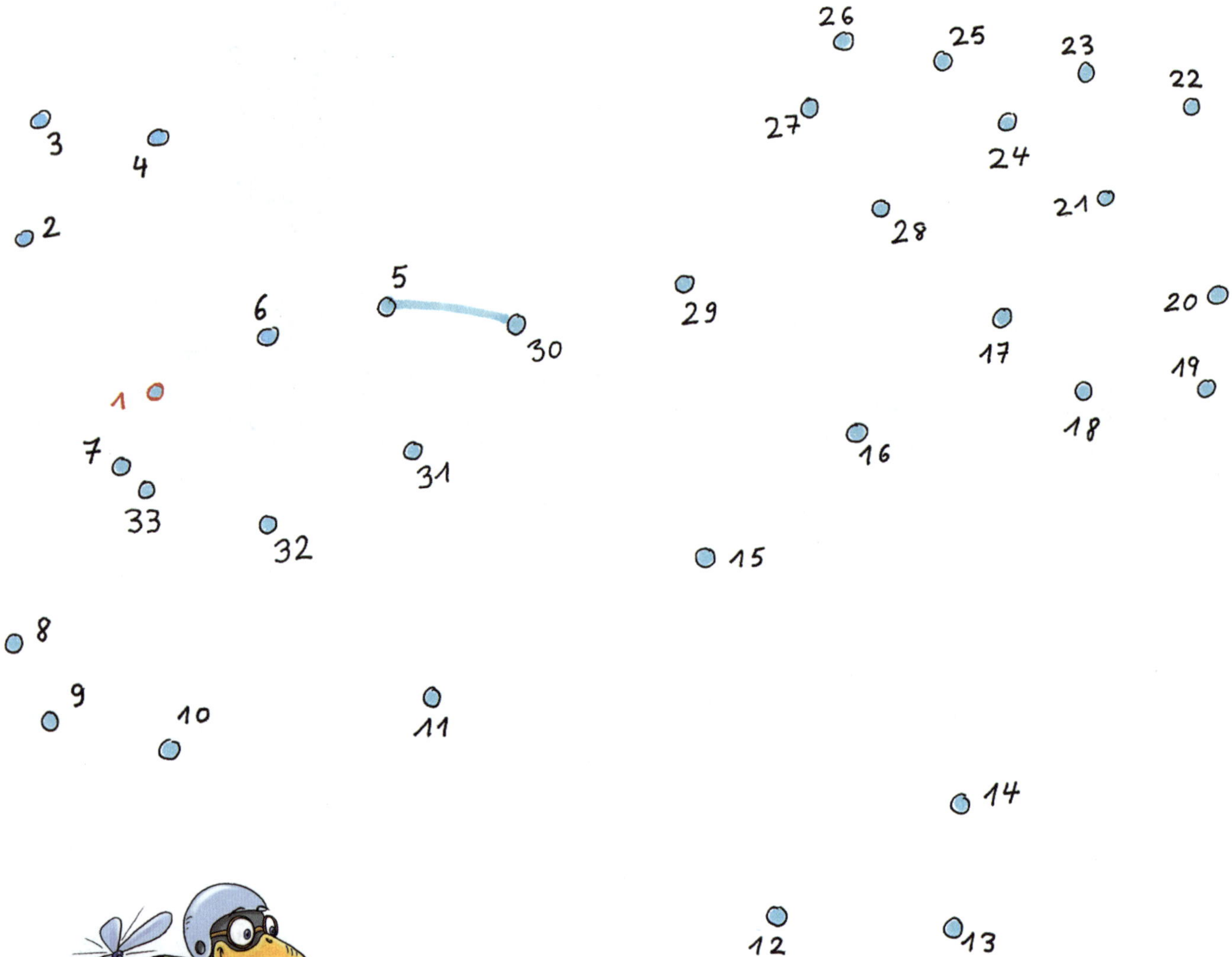

Welche Zahlen fehlen auf den Zahlenbändern?
Trage sie ein.

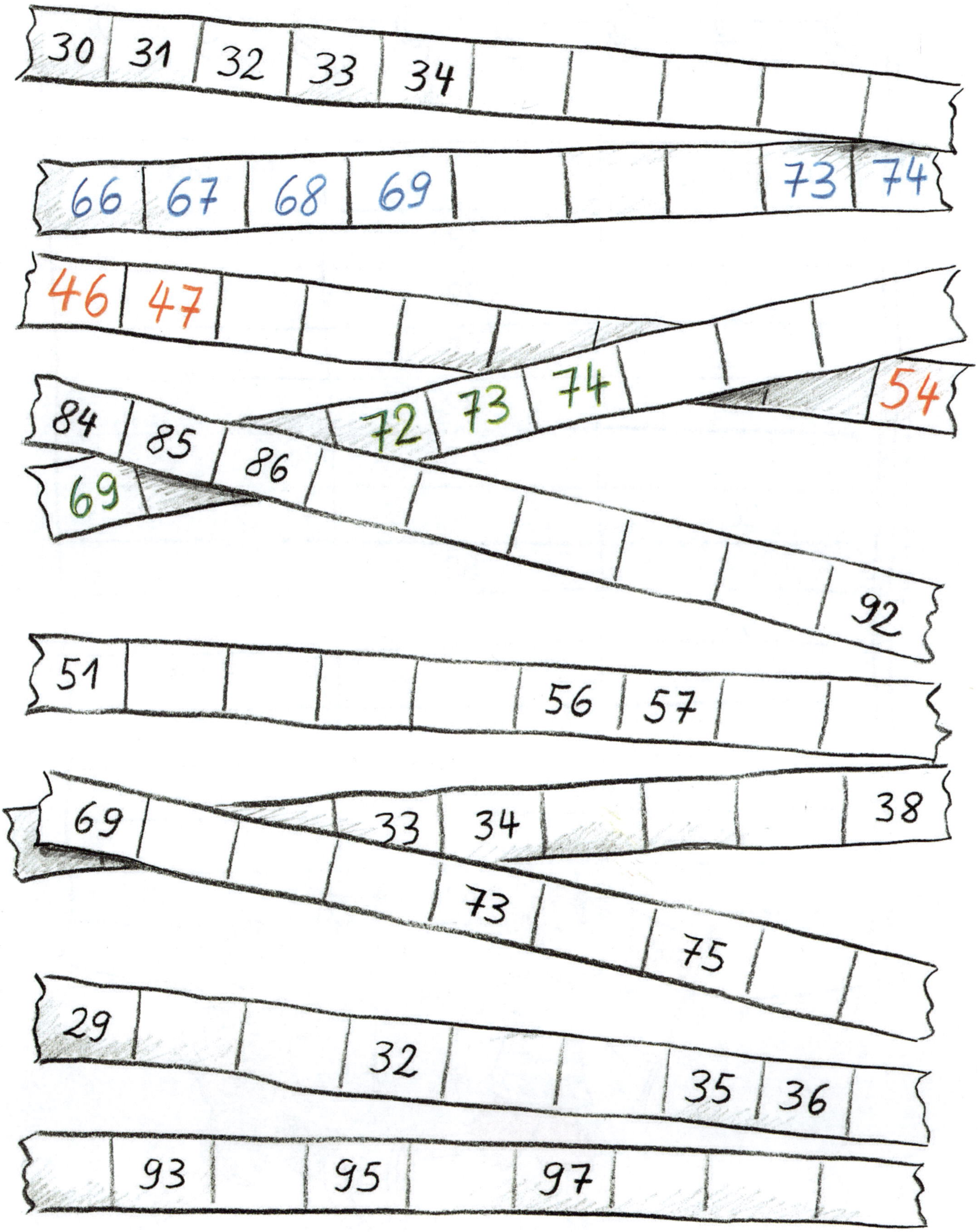

Vorgänger und Nachfolger

Beim Sportfest bekommt jedes Kind eine Startnummer.
Kannst du alle Zahlen richtig ergänzen?

Vorgänger		Nachfolger
12	13	14
	29	
	35	
	82	
	47	
20		
	83	
50		
	66	67
		94
	53	
74		
	41	
98	99	100

Verbinde die Zahlen von 1 bis 100 und male das Bild an.

Zahlen ordnen

Ordne die Zahlen der Größe nach. Beginne mit der kleinsten.

45 16 61

12 54 23 100

92

32 73 84

21

Setze > oder < ein.

41 [>] 14

46	☐	64	57	☐	75	27	☐	26
53	☐	35	21	☐	12	59	☐	73
62	☐	26	63	☐	36	99	☐	100
71	☐	17	18	☐	81	13	☐	31
94	☐	49	45	☐	54	29	☐	23
53	☐	35	19	☐	91	45	☐	54
65	☐	56	29	☐	92	69	☐	96
27	☐	72	15	☐	51	39	☐	38
44	☐	55	39	☐	49	67	☐	65

Lösungen

Seite 9

1, 2, 3, 4, 5

Seite 13

1, 2, 3, 4, 5, 6	3, 4, 5, 6, 7
4, 5, 6, 7	
3, 4, 5, 6, 7	3, 4, 5, 6

7, 7, 6, 4, 8

Seite 15

3, 8, 4, 7, 8, 6

Seite 18

6, 9, 8, 7, 10

5, 6, 7, 8, 9, 10
5, 6, 7, 8, 9, 10
5, 6, 7, 8, 9
4, 5, 6, 7, 8, 9, 10
3, 4, 5, 6, 7
4, 5, 6, 7, 8, 9

9, 10, 7, 7

Seite 21

2 + 1 = 3
1 + 3 = 4
3 + 2 = 5
2 + 2 = 4
4 + 1 = 5
3 + 1 = 4
1 + 4 = 5
2 + 3 = 5

Seite 22

2 + 1 = 3
3 + 2 = 5
4 + 1 = 5
2 + 3 = 5
1 + 2 = 3
1 + 4 = 5
2 + 2 = 4
2 + 1 = 3

Seite 23

4 + 3 = 7
6 + 2 = 8
7 + 3 = 10
5 + 2 = 7
6 + 3 = 9
7 + 2 = 9
5 + 3 = 8
4 + 2 = 6

Seite 27

5 + 2 = 7	7 + 3 = 10
3 + 3 = 6	6 + 2 = 8
4 + 5 = 9	5 + 4 = 9
3 + 4 = 7	7 + 2 = 9
6 + 3 = 9	4 + 1 = 5
1 + 4 = 5	2 + 3 = 5
2 + 4 = 6	4 + 5 = 9
1 + 5 = 6	3 + 5 = 8
4 + 3 = 7	2 + 5 = 7

2 + 4 = 6
2 + 5 = 7
3 + 4 = 7
3 + 5 = 8
4 + 4 = 8
4 + 5 = 9
5 + 4 = 9
6 + 3 = 9
7 + 2 = 9
8 + 1 = 9

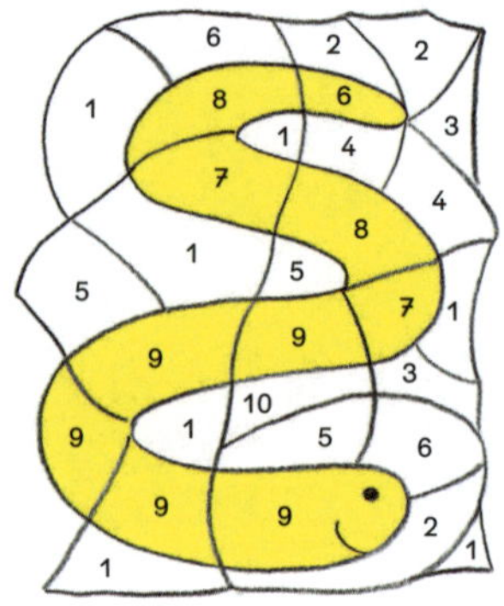

Seite 25

3 + 4 = 7	3 + 2 = 5
4 + 4 = 8	3 + 3 = 6
5 + 4 = 9	3 + 4 = 7

4 + 1 = 5
4 + 2 = 6
4 + 3 = 7

2 + 1 = 3	0 + 1 = 1
2 + 2 = 4	0 + 2 = 2
2 + 3 = 5	0 + 3 = 3

6 + 2 = 8	5 + 3 = 8
6 + 3 = 9	5 + 4 = 9
6 + 4 = 10	5 + 5 = 10

Seite 26

5 + 4 = 9
7 + 2 = 9
4 + 4 = 8
3 + 5 = 8
6 + 2 = 8
2 + 5 = 7
5 + 5 = 10
1 + 9 = 10
8 + 2 = 10
6 + 4 = 10

Seite 27

3 + 0 = 3	4 + 0 = 4	5 + 0 = 5
2 + 1 = 3	3 + 1 = 4	4 + 1 = 5
1 + 2 = 3	2 + 2 = 4	3 + 2 = 5
0 + 3 = 3	1 + 3 = 4	2 + 3 = 5
	0 + 4 = 4	1 + 4 = 5
		0 + 5 = 5

Seite 28

1 + 3 = 4
3 + 0 = 3
3 + 2 = 5
2 + 2 = 4
1 + 2 = 3
2 + 3 = 5

2 + 1 = 3
3 + 1 = 4
4 + 1 = 5
1 + 4 = 5
5 + 0 = 5
4 + 0 = 4

Seite 29

6 = 1 + 5
6 = 2 + 4
6 = 3 + 3
6 = 4 + 2
6 = 5 + 1
6 = 6 + 0

6 = 0 + 6
6 = 1 + 5
6 = 2 + 4
6 = 3 + 3

6 = 4 + 2
6 = 5 + 1
6 = 6 + 0

Seite 30

5 + 2 = 7
4 + 3 = 7
1 + 6 = 7
7 + 0 = 7
6 + 1 = 7
3 + 4 = 7
2 + 5 = 7
0 + 7 = 7

0 + 8 = 8
7 + 1 = 8
5 + 3 = 8
2 + 6 = 8
4 + 4 = 8
1 + 7 = 8
6 + 2 = 8
3 + 5 = 8
8 + 0 = 8

Seite 31

6 + 3 = 9
1 + 8 = 9
4 + 5 = 9
2 + 7 = 9
5 + 4 = 9
3 + 6 = 9
8 + 1 = 9
7 + 2 = 9

6 + 4 = 10
7 + 3 = 10
5 + 5 = 10
9 + 1 = 10
2 + 8 = 10
4 + 6 = 10
1 + 9 = 10
3 + 7 = 10

Seite 32

3 + 2 + 1 = 6
3 + 2 + 4 = 9
2 + 3 + 2 = 7
5 + 1 + 3 = 9
1 + 3 + 6 = 10

4 + 1 + 1 = 6
3 + 2 + 3 = 8
5 + 1 + 2 = 8
2 + 4 + 3 = 9
3 + 4 + 2 = 9

Seite 33

3 + 1 + 3 + 2 + 1 = 10
2 + 3 + 1 + 2 + 2 = 10
5 + 1 + 0 + 3 + 1 = 10
1 + 3 + 2 + 1 + 2 = 9
4 + 1 + 2 + 2 + 1 = 10
2 + 2 + 2 + 1 + 1 = 8
3 + 1 + 2 + 2 + 2 = 10
5 + 2 + 1 + 2 + 0 = 10

Seite 34

+	1	2	3
3	4	5	6
4	5	6	7
5	6	7	8

Seite 35

5	7	9	11		
2	3	4	5	6	
1	1	2	2	3	3

5	5	8	10	8		
3	2	3	5	5	3	
2	1	1	2	3	2	1

8	6	8	9	6		
5	3	3	5	4	2	
3	2	1	2	3	1	1

6	6	6	6		
3	3	3	3	3	
1	2	1	2	1	2

Seite 36

4 + 2 = 6
5 + 1 = 6
3 + 2 = 5
1 + 3 = 4
2 + 4 = 6

2 + 4 = 6
1 + 5 = 6
2 + 3 = 5
3 + 1 = 4
4 + 2 = 6

Seite 37

7 + 1 = 8
1 + 7 = 8

4 + 5 = 9
5 + 4 = 9

3 + 4 = 7
4 + 3 = 7

1 + 8 = 9
8 + 1 = 9

2 + 8 = 10
8 + 2 = 10

5 + 3 = 8
3 + 5 = 8

3 + 6 = 9
6 + 3 = 9

5 + 4 = 9
4 + 5 = 9

7 + 2 = 9
2 + 7 = 9

6 + 1 = 7
1 + 6 = 7

2 + 6 = 8
6 + 2 = 8

6 + 4 = 10
4 + 6 = 10

Seite 38

4 − 2 = 2
3 − 1 = 2
4 − 3 = 1
3 − 2 = 1
5 − 3 = 2
5 − 4 = 1
5 − 5 = 0
4 − 4 = 0
5 − 2 = 3

Lösungen

Seite 39

3 − 0 = 3	4 − 0 = 4	5 − 0 = 5
3 − 1 = 2	4 − 1 = 3	5 − 1 = 4
3 − 2 = 1	4 − 2 = 2	5 − 2 = 3
3 − 3 = 0	4 − 3 = 1	5 − 3 = 2
	4 − 4 = 0	5 − 4 = 1
		5 − 5 = 0

Seite 40

10 − 6 = 4	7 − 4 = 3
10 − 7 = 3	8 − 3 = 5
10 − 4 = 6	6 − 2 = 4
10 − 8 = 2	8 − 4 = 4
10 − 2 = 8	9 − 6 = 3
10 − 5 = 5	7 − 5 = 2
10 − 3 = 7	9 − 4 = 5
10 − 9 = 1	7 − 3 = 4
10 − 1 = 9	8 − 5 = 3

Seite 41

10 − 0 = 10	5 − 1 = 4
9 − 3 = 6	10 − 4 = 6
8 − 4 = 4	9 − 5 = 4
7 − 1 = 6	8 − 2 = 6
6 − 2 = 4	7 − 3 = 4
9 − 6 = 3	6 − 5 = 1
10 − 2 = 8	9 − 4 = 5
8 − 5 = 3	8 − 6 = 2

Seite 42

10 − 2 = 8	10 − 6 = 4	10 − 3 = 7
9 − 4 = 5	8 − 3 = 5	9 − 5 = 4
8 − 5 = 3	9 − 6 = 3	8 − 6 = 2
6 − 2 = 4	7 − 4 = 3	6 − 3 = 3
5 − 1 = 4	7 − 3 = 4	4 − 2 = 2
10 − 7 = 3	10 − 5 = 5	10 − 8 = 2
8 − 4 = 4	7 − 1 = 6	9 − 2 = 7
9 − 7 = 2	8 − 2 = 6	8 − 7 = 1
7 − 5 = 2	6 − 4 = 2	7 − 6 = 1
6 − 5 = 1	9 − 3 = 6	5 − 2 = 3

Seite 43

5 − 2 = 3	10 − 6 = 4
6 − 4 = 2	8 − 5 = 3
7 − 3 = 4	9 − 6 = 3
4 − 1 = 3	7 − 6 = 1
8 − 6 = 2	8 − 3 = 5
9 − 5 = 4	10 − 5 = 5
5 − 4 = 1	9 − 4 = 5
7 − 2 = 5	8 − 2 = 6
8 − 4 = 4	9 − 3 = 6
9 − 8 = 1	10 − 8 = 2
10 − 9 = 1	8 − 7 = 1

Seite 44

10 − 6 = 4	10 − 3 = 7
4 + 6 = 10	7 + 3 = 10
9 − 5 = 4	8 − 2 = 6
4 + 5 = 9	6 + 2 = 8
10 − 7 = 3	6 − 4 = 2
3 + 7 = 10	2 + 4 = 6
5 − 2 = 3	9 − 3 = 6
3 + 2 = 5	6 + 3 = 9
7 − 4 = 3	10 − 4 = 6
3 + 4 = 7	6 + 4 = 10
9 − 3 = 6	10 − 2 = 8
6 + 3 = 9	8 + 2 = 10

Seite 45

7 + 2 = 9	7 + 3 = 10
6 + 4 = 10	5 + 4 = 9
5 + 3 = 8	6 + 3 = 9
4 + 4 = 8	4 + 2 = 6
3 + 6 = 9	1 + 7 = 8
6 + 3 = 9	7 + 1 = 8
1 + 4 = 5	2 + 8 = 10
4 + 1 = 5	8 + 2 = 10
10 − 9 = 1	9 − 5 = 4
8 − 5 = 3	4 + 5 = 9
4 − 3 = 1	
7 − 4 = 3	8 − 3 = 5
6 − 3 = 3	5 + 3 = 8

Seite 48

11, 12, 13, 14, 15, 16
15, 16, 17, 18, 19, 20
15, 16, 17, 18, 19, 20
9, 10, 11, 12, 13, 14
15, 16, 17, 18, 19, 20
10, 11, 12, 13, 14, 15, 16
9, 10, 11, 12, 13, 14, 15
15, 16, 17, 18, 19, 20
9, 10, 11, 12, 13, 14

Seite 49

12, 14, 18, 19, 17
15, 11, 16, 20, 13

Seite 50

4 < 8	10 > 3
7 < 9	8 > 2
17 < 19	17 > 2
15 > 13	16 > 11
11 < 18	14 < 19

14 > 4
10 < 20
19 > 12
18 > 16
20 > 3
18 < 20
15 < 16

13 > 8
15 > 12
16 < 18
14 > 3
13 < 16
19 > 11
20 > 1

Seite 51

10 + 1 = 11
10 + 2 = 12
10 + 3 = 13
10 + 4 = 14
10 + 5 = 15
10 + 6 = 16
10 + 7 = 17
10 + 8 = 18
10 + 9 = 19
10 + 10 = 20

Seite 52

10 + 1 = 11
10 + 4 = 14
10 + 5 = 15
10 + 3 = 13
10 + 10 = 20
10 + 6 = 16
10 + 2 = 12
10 + 9 = 19
10 + 7 = 17
10 + 8 = 18

Seite 53

10 + 2 = 12
10 + 5 = 15
10 + 6 = 16

10 + 8 = 18
10 + 7 = 17
10 + 4 = 14

Seite 54

2 + 5 = 7
12 + 5 = 17

4 + 2 = 6
14 + 2 = 16

5 + 3 = 8
15 + 3 = 18

15 + 1 = 16
11 + 3 = 14
12 + 6 = 18
14 + 3 = 17
16 + 4 = 20

11 + 8 = 19
19 + 1 = 20
12 + 8 = 20
11 + 6 = 17
15 + 4 = 19

8 + 1 = 9
18 + 1 = 19

3 + 6 = 9
13 + 6 = 19

7 + 2 = 9
17 + 2 = 19

16 + 3 = 19
13 + 7 = 20
16 + 2 = 18
11 + 7 = 18
12 + 4 = 16

13 + 5 = 18
15 + 4 = 19
18 + 2 = 20
11 + 5 = 16
12 + 3 = 15

Seite 55

17 + 2 = 19
15 + 1 = 16
11 + 3 = 14
12 + 6 = 18
14 + 3 = 17
16 + 4 = 20
11 + 8 = 19
19 + 1 = 20
12 + 8 = 20
11 + 6 = 17
15 + 4 = 19

16 + 3 = 19
19 + 1 = 20
13 + 7 = 20
16 + 2 = 18
11 + 7 = 18
12 + 6 = 18
13 + 5 = 18
15 + 4 = 19
18 + 2 = 20
11 + 5 = 16
12 + 3 = 15

Seite 56

9 + 2 = 11
9 + 1 + 1 = 11

7 + 4 = 11
7 + 3 + 1 = 11

7 + 6 = 13
7 + 3 + 3 = 13

8 + 7 = 15
8 + 2 + 5 = 15

9 + 8 = 17
9 + 1 + 7 = 17

Seite 57

6 + 6 = 12
6 + 4 + 2 = 12

6 + 7 = 13
6 + 4 + 3 = 13

6 + 8 = 14
6 + 4 + 4 = 14

6 + 9 = 15
6 + 4 + 5 = 15

Seite 58

5 + 7 = 12
5 + 5 + 2 = 12

6 + 8 = 14
6 + 4 + 4 = 14

9 + 4 = 13
9 + 1 + 3 = 13

7 + 8 = 15
7 + 3 + 5 = 15

8 + 6 = 14
8 + 2 + 4 = 14

7 + 9 = 16
7 + 3 + 6 = 16

Seite 59

8 + 3 = 11
8 + 2 + 1 = 11

7 + 4 = 11
7 + 3 + 1 = 11

7 + 5 = 12
7 + 3 + 2 = 12

8 + 5 = 13
8 + 2 + 3 = 13

9 + 6 = 15
9 + 1 + 5 = 15

9 + 3 = 12
9 + 1 + 2 = 12

7 + 7 = 14
7 + 3 + 4 = 14

6 + 5 = 11
6 + 4 + 1 = 11

3 + 8 = 11
6 + 5 = 11
7 + 6 = 13
3 + 9 = 12
7 + 5 = 12

9 + 3 = 12
5 + 8 = 13
6 + 7 = 13
4 + 9 = 13
8 + 8 = 16

6 + 6 = 12	2 + 9 = 11
5 + 6 = 11	4 + 7 = 11
7 + 8 = 15	3 + 8 = 11
7 + 7 = 14	5 + 7 = 12

Seite 60

4 + 12 = 16	T: 12 + 4 = 16
3 + 14 = 17	T: 14 + 3 = 17
2 + 16 = 18	T: 16 + 2 = 18
5 + 11 = 16	T: 11 + 5 = 16
4 + 9 = 13	T: 9 + 4 = 13
3 + 10 = 13	T: 10 + 3 = 13
5 + 13 = 18	T: 13 + 5 = 18
2 + 18 = 20	T: 18 + 2 = 20
4 + 14 = 18	T: 14 + 4 = 18
7 + 12 = 19	T: 12 + 7 = 19
3 + 16 = 19	T: 16 + 3 = 19
1 + 19 = 20	T: 19 + 1 = 20
6 + 9 = 15	T: 9 + 6 = 15

Seite 61

6 + 13 = 19	13 + 6 = 19
3 + 15 = 18	15 + 3 = 18
2 + 16 = 18	16 + 2 = 18
7 + 11 = 18	11 + 7 = 18
6 + 12 = 18	12 + 6 = 18
5 + 14 = 19	14 + 5 = 19
8 + 11 = 19	11 + 8 = 19
4 + 15 = 19	15 + 4 = 19
3 + 12 = 15	12 + 3 = 15

Seite 62

7 + 7 = 14	= 7
5 + 5 = 10	= 5
8 + 8 = 16	= 8
6 + 6 = 12	= 6
2 + 2 = 4	= 2

2 + 6 = 8
6 + 5 = 11
8 + 7 = 15
5 + 8 = 13
7 + 2 = 9

Seite 63

5 − 2 = 3	7 − 6 = 1
15 − 2 = 13	17 − 6 = 11
9 − 5 = 4	4 − 2 = 2
19 − 5 = 14	14 − 2 = 12
6 − 3 = 3	9 − 5 = 4
16 − 3 = 13	19 − 5 = 14
8 − 4 = 4	7 − 4 = 3
18 − 4 = 14	17 − 4 = 13

Seite 64

16 − 4 = 12
15 − 3 = 12
17 − 5 = 12
14 − 2 = 12
17 − 6 = 11
16 − 2 = 14

Seite 65

17 − 2 = 15	19 − 3 = 16
19 − 4 = 15	19 − 5 = 14
18 − 5 = 13	18 − 6 = 12
16 − 2 = 14	16 − 3 = 13
17 − 6 = 11	18 − 7 = 11
18 − 3 = 15	18 − 4 = 14
19 − 6 = 13	19 − 7 = 12
17 − 4 = 13	17 − 5 = 12

Seite 66

17 − 4 = 13	17 − 6 = 11
18 − 3 = 15	18 − 4 = 14
16 − 3 = 13	15 − 2 = 13
14 − 4 = 10	16 − 3 = 13
19 − 6 = 13	14 − 2 = 12
16 − 5 = 11	19 − 5 = 14
19 − 7 = 12	18 − 5 = 13
15 − 3 = 12	14 − 3 = 11
18 − 6 = 12	16 − 4 = 12

Seite 67

14 − 5 = 9
14 − 4 − 1 = 9

17 − 9 = 8
17 − 7 − 2 = 8

12 − 6 = 6
12 − 2 − 4 = 6

16 − 8 = 8
16 − 6 − 2 = 8

Seite 68

13 − 5	13 − 8
13 − 3 − 2 = 8	13 − 3 − 5 = 5
11 − 7	11 − 4
11 − 1 − 6 = 4	11 − 1 − 3 = 7
14 − 6	14 − 9
14 − 4 − 2 = 8	14 − 4 − 5 = 5

Seite 69

16 − 8 = 8	16 − 6 − 2 = 8
14 − 7 = 7	14 − 4 − 3 = 7
13 − 6 = 7	13 − 3 − 3 = 7
12 − 5 = 7	12 − 2 − 3 = 7
11 − 4 = 7	11 − 1 − 3 = 7

18 − 9 = 9	18 − 8 − 1 = 9
15 − 9 = 6	15 − 5 − 4 = 6

Seite 70

13 − 8 = 5	13 − 3 − 5 = 5
12 − 9 = 3	12 − 2 − 7 = 3
11 − 6 = 5	11 − 1 − 5 = 5
17 − 9 = 8	17 − 7 − 2 = 8
14 − 5 = 9	14 − 4 − 1 = 9
15 − 8 = 7	15 − 5 − 3 = 7
13 − 7 = 6	13 − 3 − 4 = 6
12 − 8 = 4	12 − 2 − 6 = 4
11 − 7 = 4	11 − 1 − 6 = 4

Seite 71

17 − 9 = 8
15 − 8 = 7
13 − 7 = 6
14 − 9 = 5
12 − 8 = 4
16 − 7 = 9
12 − 9 = 3

Seite 72

A: 10 + 3 = 13	A: 9 + 8 = 17
U: 13 − 3 = 10	U: 17 − 8 = 9
A: 11 + 5 = 16	A: 14 + 3 = 17
U: 16 − 5 = 11	U: 17 − 3 = 14
A: 6 + 5 = 11	A: 10 + 9 = 19
U: 11 − 5 = 6	U: 19 − 9 = 10

Seite 73

10 + 4 = 14	9 + 6 = 15
U: 14 − 4 = 10	U: 15 − 6 = 9
13 + 5 = 18	
U: 18 − 5 = 13	
14 + 4 = 18	16 + 2 = 18
U: 18 − 4 = 14	U: 18 − 2 = 16
11 + 5 = 16	
U: 16 − 5 = 11	
10 + 3 = 13	8 + 9 = 17
U: 13 − 3 = 10	U: 17 − 9 = 8
9 + 7 = 16	
U: 16 − 7 = 9	
13 + 6 = 19	7 + 8 = 15
U: 19 − 6 = 13	U: 15 − 8 = 7

Seite 74

2 + 5 + 4 = 11	4 + 3 + 7 = 14
4 + 6 + 1 = 11	7 + 6 + 1 = 14
2 + 8 + 1 = 11	4 + 9 + 1 = 14

Seite 75

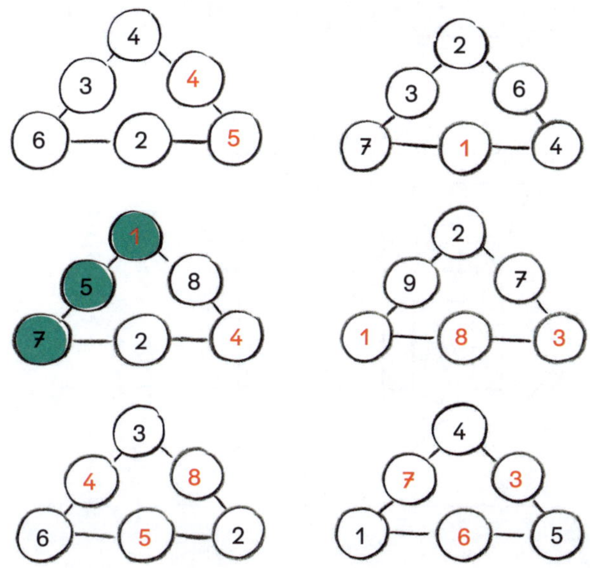

Seite 76

12 + 7 = 19	19 − 6 = 13
14 + 3 = 17	15 − 4 = 11
11 + 8 = 19	18 − 7 = 11
15 + 4 = 19	16 − 3 = 13
13 + 6 = 19	17 − 5 = 12
9 + 6 = 15	11 − 6 = 5
7 + 5 = 12	14 − 9 = 5
8 + 7 = 15	12 − 7 = 5
6 + 9 = 15	16 − 8 = 8
5 + 8 = 13	13 − 5 = 8

Z	E
	5
	7
	9
1	4
1	8

11 > 5
11 > 5
19 > 8
1 < 7
16 > 3
14 > 5
12 > 9

Seite 77

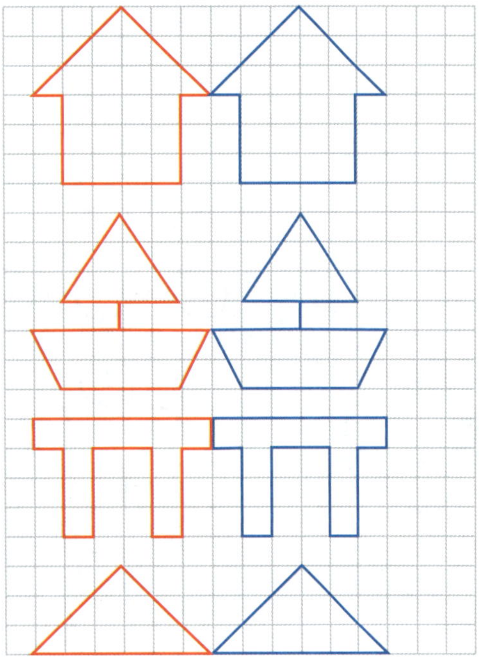

Seite 78

1 2
2 4
3 6
4 8
5 10
6 12
7 14
8 16
9 18
10 20

Seite 79

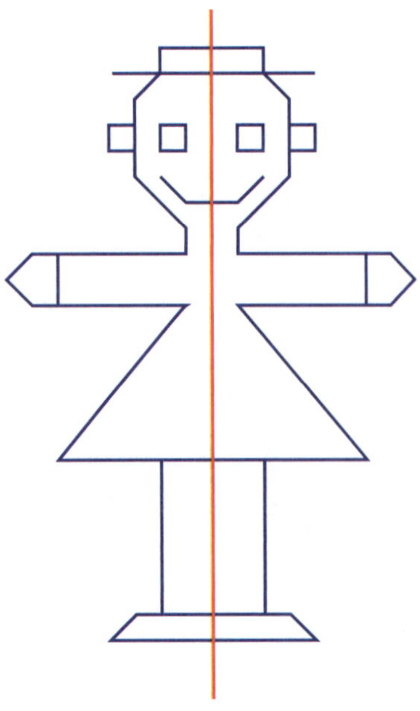

Seite 80

10	14	20	16	18	12	2	6	4
5	7	10	8	9	6	1	3	2

Seite 81

Seite 82

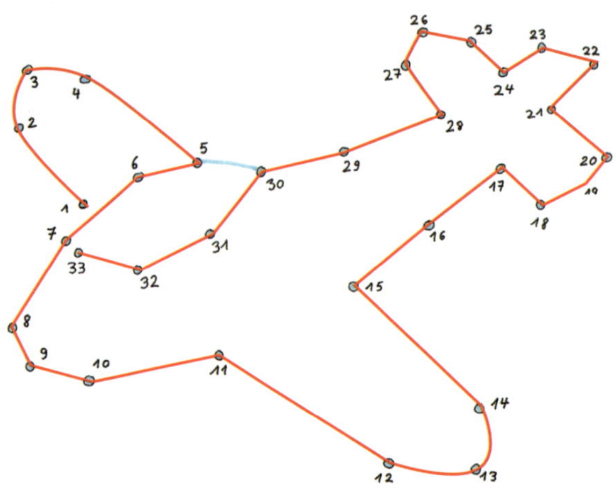

Seite 83

30, 31, 32, 33, 34, 35, 36, 37, 38, 39
66, 67, 68, 69, 70, 71, 72, 73, 74
46, 47, 48, 49, 50, 51, 52, 53, 54
69, 70, 71, 72, 73, 74, 75, 76, 77
84, 85, 86, 87, 88, 89, 90, 91, 92
51, 52, 53, 54, 55, 56, 57, 58, 59
33, 34, 35, 36, 37, 38
69, 70, 71, 72, 73, 74, 75, 76, 77
29, 30, 31, 32, 33, 34, 35, 36, 37
92, 93, 94, 95, 96, 97, 98, 99, 100

Seite 84

Vorgänger		Nachfolger
12	13	14
28	29	30
34	35	36
81	82	83
46	47	48
20	21	22
82	83	84
50	51	52
65	66	67
92	93	94
52	53	54
74	75	76
40	41	42
98	99	100

Seite 85

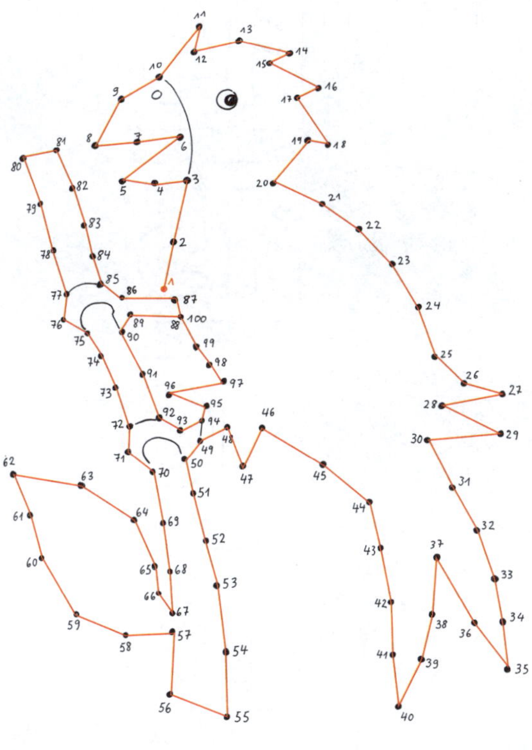

Seite 86

12, 16, 21, 23, 32, 45, 54, 61, 73, 84, 92, 100

Seite 87

46 < 64	57 < 75	27 > 26
53 > 35	21 > 12	59 < 73
62 > 26	63 > 36	99 < 100
71 > 17	18 < 81	13 < 31
94 > 49	45 < 54	29 > 23
53 > 35	19 < 91	45 < 54
65 > 56	29 < 92	69 < 96
27 < 72	15 < 51	39 > 38
44 < 55	39 < 49	67 > 65

Die Zahlen 1 bis 20

Meine Sticker

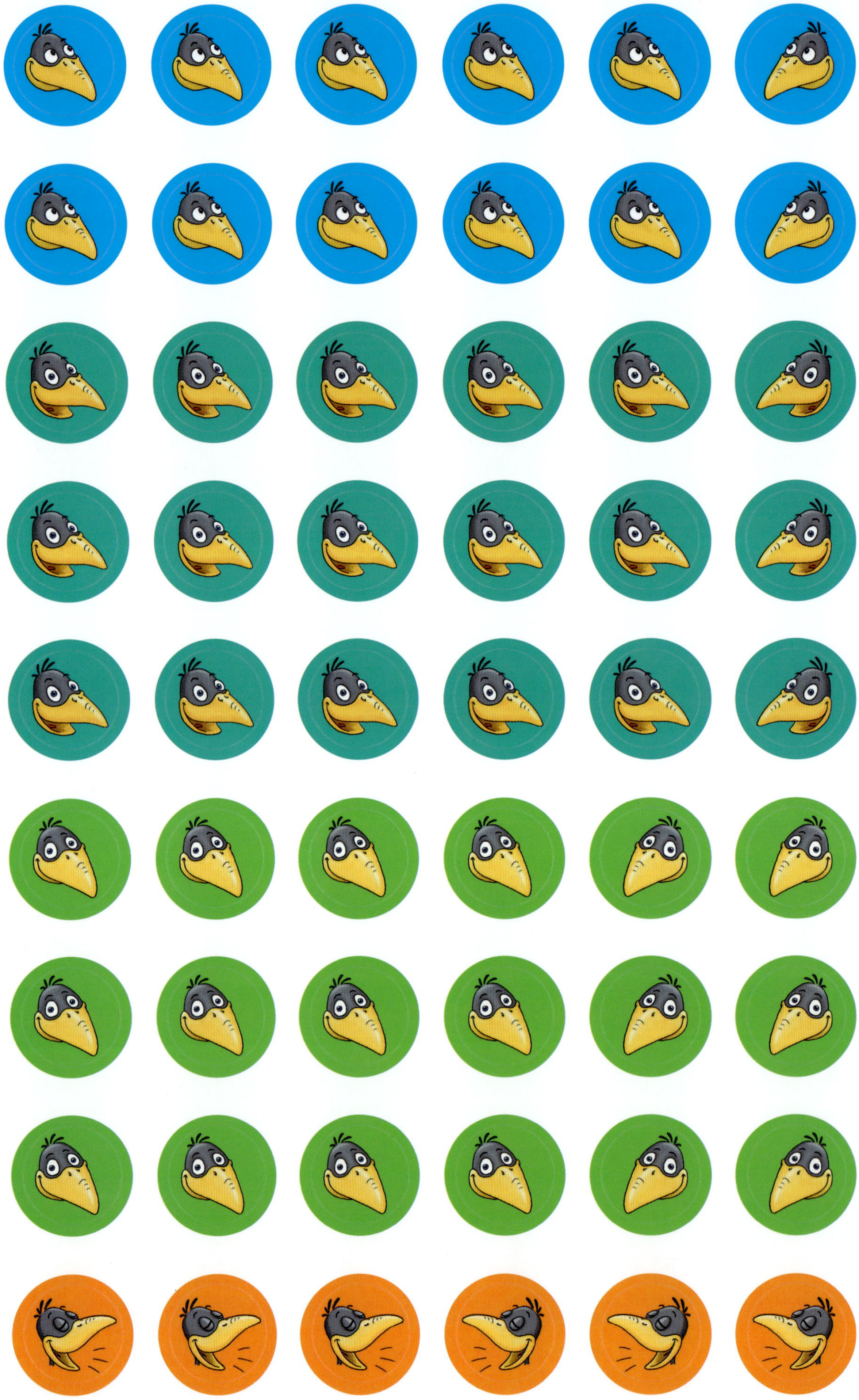

Meine Sticker